개 역 개 정 · 신 약 성 경 쓰 기

7

고린도
전후서

이르시되 내가 은혜 베풀 때에
너에게 듣고 구원의 날에 너를 도왔다 하셨으니
보라 지금은 은혜 받을 만한 때요
보라 지금은 구원의 날이로다
_고후 6:2

구약성경 통독표

순번	성경 목록	장	절	평균통독 시간/분	순번	성경 목록	장	절	평균통독 시간/분
1	창세기	50	1,533	203	21	전도서	12	222	31
2	출애굽기	40	1,213	162	22	아가	8	117	16
3	레위기	27	859	115	23	이사야	66	1,292	206
4	민수기	36	1,287	165	24	예레미야	52	1,364	300
5	신명기	34	959	147	25	예레미야애가	5	154	20
6	여호수아	24	658	99	26	에스겔	48	1,273	201
7	사사기	21	618	103	27	다니엘	12	357	62
8	룻기	4	85	14	28	호세아	14	197	30
9	사무엘상	31	810	136	29	요엘	3	73	11
10	사무엘하	24	695	113	30	아모스	9	146	23
11	열왕기상	22	816	128	31	오바댜	1	21	4
12	열왕기하	25	719	121	32	요나	4	48	7
13	역대상	29	942	119	33	미가	7	105	17
14	역대하	36	822	138	34	나훔	3	47	8
15	에스라	10	280	42	35	하박국	3	56	9
16	느헤미야	13	406	61	36	스바냐	3	53	9
17	에스더	10	167	29	37	학개	2	38	6
18	욥기	42	1,070	115	38	스가랴	14	211	33
19	시편	150	2,461	275	39	말라기	4	55	11
20	잠언	31	915	92	합 계		929	23,144	3,381

신약성경 통독표

순번	성경 목록	장	절	평균통독 시간/분	순번	성경 목록	장	절	평균통독 시간/분
1	마태복음	28	1,071	130	15	디모데전서	6	113	14
2	마가복음	16	678	81	16	디모데후서	4	83	11
3	누가복음	24	1,151	138	17	디도서	3	46	6
4	요한복음	21	879	110	18	빌레몬서	1	25	2
5	사도행전	28	1,007	127	19	히브리서	13	303	41
6	로마서	16	433	58	20	야고보서	5	108	14
7	고린도전서	16	437	57	21	베드로전서	5	105	15
8	고린도후서	13	256	37	22	베드로후서	3	61	9
9	갈라디아서	6	149	19	23	요한1서	5	105	15
10	에베소서	6	155	18	24	요한2서	1	13	2
11	빌립보서	4	104	14	25	요한3서	1	15	2
12	골로새서	4	95	12	26	유다서	1	25	4
13	데살로니가전서	5	89	12	27	요한계시록	22	404	61
14	데살로니가후서	3	47	6	합 계		260	7,957	1,015

구약성경	39권	23,144절	1,006,953문자	352,319단어	평균 통독시간	56시간
신약성경	27권	7,957절	315,579문자	110,237단어	평균 통독시간	17시간

우리는 성경을 읽지만, 세상은 우리를 읽습니다!

성경은 세상의 모든 책을 담을 수 있는 가장 큰 그릇입니다.
성경 필사는 단순히 베끼어 쓰는 게 아니라, 눈으로 말씀을 읽고 손으로 쓰면서 머리로 생각하는 작업입니다.
눈과 손, 머리를 동시에 동원하므로 성경 필사는 오래전부터 그 효과가 입증된 글쓰기 훈련법입니다.
세계적으로 저명한 사람들은 필사의 경험 없는 사람이 없습니다.

손과 종이 위에 연필 끝이 만나는 순간 미묘한 시간차가 발생합니다. 필사가 제공하는 틈 그 순간에 머리는
가만히 있지 않습니다. 단어와 문장을 거슬러 올라가고 맥락을 헤아리고 성경 말씀을 되새김질 합니다.
또한 눈으로 읽을 때는 미처 보지 못한 내용을 필사 과정에서 발견하고 깨달을 수 있습니다.

성경 필사는 하나님 말씀이 생명력 있게 살아나게 하는 작업입니다. 하나님 말씀이 우리의 마음에 가득할 때,
하나님은 우리의 소원과 기도 제목을 들으시고 이루어 주실 것입니다. 성경의 진리를 오직 말씀과 성령의
조명으로 해석하여 교리를 세우고 모든 삶의 기준과 원칙으로 적용한 청교도처럼, 예수를
가장 잘 믿으며 가장 순수한 신앙으로 살아가는 "크리스천"이 되기를 소망합니다.

엮은이 김영기

우슬북 성경 쓰기 시리즈 특징 ·····

필사와 통독의 기쁨을 함께~!

볼펜, 만년필로 성경 쓰기 편한 고급 재질의 종이 사용

[우슬북 신약성경 쓰기 시리즈❼ 고린도전 후서]는 유성볼펜이나 만년필 사용에 적합 하도록 도톰하고 고급스런 광택이 나는 재 질의 종이를 사용하였습니다.

성경 쓰기 편하도록 페이지가 180도 펼쳐지는 고급 제본

[우슬북 신약성경 쓰기 시리즈❼ 고린도전 후서]는 책을 펼친 중간 부분이 걸리지 않 도록 페이지가 완전히 펼쳐지는 180도 고급 제본을 사용하였습니다.

10여 년의 경험으로 성경 읽고 쓰기 편안한 글씨체 사용

[우슬북 신약성경 쓰기 시리즈❼ 고린도전 후서]는 통독을 겸한 필사가 가능하도록 읽 고 쓰면서 스트레스 받지 않는 글씨체를 10여 년의 실패와 경험으로 선정, 사용하였습니다.

따라쓸 수 있는 한자 병기로 말씀 묵상의 극대화

[우슬북 신약성경 쓰기 시리즈❼ 고린도 전후서]는 긍정적이고 따라쓰기 쉬운 한자 (漢字)를 병기(倂記)하여 깊은 묵상을 극대 화하였습니다.

고린도전서

너희 몸은 너희가 하나님께로부터 받은 바
너희 가운데 계신 성령의 전인 줄을 알지 못하느냐
너희는 너희 자신의 것이 아니라
값으로 산 것이 되었으니 그런즉
너희 몸으로 하나님께 영광을 돌리라
_고전 6:19,20

인사와 감사

1 ¹ 하나님의 뜻을 따라 그리스도 예수의 사도로
부르심을 받은 바울과 형제 소스데네는

² 고린도에 있는 하나님의 교회 곧 그리스도 예수 안에서
거룩하여지고 성도(聖徒)라 부르심을 받은 자들과

또 각처에서 우리의 주 곧 그들과 우리의 주 되신
예수 그리스도의 이름을 부르는 모든 자들에게

³ 하나님 우리 아버지와 주 예수 그리스도로부터
은혜와 평강이 있기를 원하노라

⁴ 그리스도 예수 안에서 너희에게 주신
하나님의 은혜로 말미암아
내가 너희를 위하여 항상 하나님께 감사하노니

5 이는 너희가 그 안에서 모든 일
  곧 모든 언변(言辯)과 모든 지식에 풍족하므로

6 그리스도의 증거가 너희 중에 견고하게 되어

7 너희가 모든 은사에 부족함이 없이
  우리 주 예수 그리스도의 나타나심을 기다림이라

8 주께서 너희를 우리 주 예수 그리스도의 날에
  책망할 것이 없는 자로 끝까지 견고하게 하시리라

9 너희를 불러 그의 아들 예수 그리스도 우리 주와
  더불어 교제하게 하시는 하나님은 미쁘시도다

고린도 교회의 분쟁

10 형제들아 내가 우리 주 예수 그리스도의 이름으로
  너희를 권하노니 모두가 같은 말을 하고

너희 가운데 분쟁이 없이
같은 마음과 같은 뜻으로 온전히 합하라

¹¹ 내 형제들아 글로에의 집 편으로 너희에 대한 말이
내게 들리니 곧 너희 가운데 분쟁이 있다는 것이라

¹² 내가 이것을 말하거니와 너희가 각각 이르되
나는 바울에게, 나는 아볼로에게, 나는 게바에게,
나는 그리스도에게 속한 자라 한다는 것이니

¹³ 그리스도께서 어찌 나뉘었느냐
바울이 너희를 위하여 십자가에 못 박혔으며
바울의 이름으로 너희가 세례를 받았느냐

¹⁴ 나는 그리스보와 가이오 외에는 너희 중 아무에게도
내가 세례를 베풀지 아니한 것을 감사하노니

15 이는 아무도 나의 이름으로 세례를 받았다
말하지 못하게 하려 함이라

16 내가 또한 스데바나 집 사람에게 세례를 베풀었고
그 외에는 다른 누구에게 세례를 베풀었는지 알지 못하노라

17 그리스도께서 나를 보내심은
세례를 베풀게 하려 하심이 아니요
오직 복음을 전하게 하려 하심이로되

말의 지혜로 하지 아니함은
그리스도의 십자가가 헛되지 않게 하려 함이라

하나님의 능력과 지혜이신 그리스도
18 십자가의 도가 멸망하는 자들에게는 미련한 것이요
구원을 받는 우리에게는 하나님의 능력이라

¹⁹기록된 바 내가 지혜 있는 자들의 지혜를 멸하고
총명한 자들의 총명을 폐하리라 하였으니

²⁰지혜 있는 자가 어디 있느냐 선비가 어디 있느냐
이 세대에 변론가가 어디 있느냐
하나님께서 이 세상의 지혜를 미련하게 하신 것이 아니냐

²¹하나님의 지혜에 있어서는
이 세상이 자기 지혜로 하나님을 알지 못하므로

하나님께서 전도의 미련한 것으로
믿는 자들을 구원하시기를 기뻐하셨도다

²²유대인은 표적(表蹟)을 구하고 헬라인은 지혜를 찾으나

²³우리는 십자가에 못 박힌 그리스도를 전하니
유대인에게는 거리끼는 것이요 이방인에게는 미련한 것이로되

²⁴오직 부르심을 받은 자들에게는 유대인이나 헬라인이나
그리스도는 하나님의 능력이요 하나님의 지혜니라

²⁵하나님의 어리석음이 사람보다 지혜롭고
하나님의 약하심이 사람보다 강하니라

²⁶형제들아 너희를 부르심을 보라
육체를 따라 지혜로운 자가 많지 아니하며

능한 자가 많지 아니하며
문벌(門閥) 좋은 자가 많지 아니하도다

²⁷그러나 하나님께서 세상의 미련한 것들을 택하사
지혜 있는 자들을 부끄럽게 하려 하시고

세상의 약한 것들을 택하사
강한 것들을 부끄럽게 하려 하시며

²⁸하나님께서 세상의 천한 것들과 멸시 받는 것들과
없는 것들을 택하사 있는 것들을 폐하려 하시나니

²⁹이는 아무 육체도 하나님 앞에서
자랑하지 못하게 하려 하심이라

³⁰너희는 하나님으로부터 나서 그리스도 예수 안에 있고
예수는 하나님으로부터 나와서 우리에게
지혜와 의로움과 거룩함과 구원함이 되셨으니

³¹기록된 바 자랑하는 자는
주 안에서 자랑하라 함과 같게 하려 함이라

십자가에 못 박히신 그리스도

2 ¹형제들아 내가 너희에게 나아가
하나님의 증거를 전할 때에

말과 지혜의 아름다운 것으로 아니하였나니

2 내가 너희 중에서 예수 그리스도와
그가 십자가에 못 박히신 것 외에는
아무 것도 알지 아니하기로 작정하였음이라

3 내가 너희 가운데 거할 때에
약하고 두려워하고 심히 떨었노라

4 내 말과 내 전도(傳道)함이
설득력 있는 지혜의 말로 하지 아니하고
다만 성령의 나타나심과 능력으로 하여

5 너희 믿음이 사람의 지혜에 있지 아니하고
다만 하나님의 능력에 있게 하려 하였노라

성령으로 보이셨다

6 그러나 우리가 온전한 자들 중에서는 지혜를 말하노니
이는 이 세상의 지혜가 아니요
또 이 세상에서 없어질 통치자들의 지혜도 아니요

7 오직 은밀한 가운데 있는 하나님의 지혜를 말하는 것으로서
곧 감추어졌던 것인데 하나님이 우리의 영광을 위하여
만세 전에 미리 정하신 것이라

8 이 지혜는 이 세대의 통치자들이
한 사람도 알지 못하였나니 만일 알았더라면
영광의 주를 십자가에 못 박지 아니하였으리라

9 기록된 바 하나님이 자기를 사랑하는 자들을 위하여
예비하신 모든 것은 눈으로 보지 못하고 귀로 듣지 못하고
사람의 마음으로 생각하지도 못하였다 함과 같으니라

¹⁰ 오직 하나님이 성령으로 이것을 우리에게 보이셨으니
성령은 모든 것 곧 하나님의 깊은 것까지도
통달(通達)하시느니라

¹¹ 사람의 일을 사람의 속에 있는 영 외에 누가 알리요
이와 같이 하나님의 일도 하나님의 영 외에는
아무도 알지 못하느니라

¹² 우리가 세상의 영을 받지 아니하고
오직 하나님으로부터 온 영을 받았으니

이는 우리로 하여금 하나님께서 우리에게
은혜로 주신 것들을 알게 하려 하심이라

¹³ 우리가 이것을 말하거니와
사람의 지혜가 가르친 말로 아니하고

오직 성령께서 가르치신 것으로 하니
영적인 일은 영적인 것으로 분별(分別)하느니라

¹⁴육에 속한 사람은 하나님의 성령의 일들을 받지 아니하나니
이는 그것들이 그에게는 어리석게 보임이요,

또 그는 그것들을 알 수도 없나니
그러한 일은 영적으로 분별되기 때문이라

¹⁵신령한 자는 모든 것을 판단하나
자기는 아무에게도 판단을 받지 아니하느니라

¹⁶누가 주의 마음을 알아서 주를 가르치겠느냐
그러나 우리가 그리스도의 마음을 가졌느니라

하나님의 동역자들
3 ¹형제들아 내가 신령한 자들을 대함과 같이

너희에게 말할 수 없어서 육신에 속한 자 곧
그리스도 안에서 어린 아이들을 대함과 같이 하노라

2 내가 너희를 젖으로 먹이고 밥으로 아니하였노니
이는 너희가 감당하지 못하였음이거니와 지금도 못하리라

3 너희는 아직도 육신에 속한 자로다
너희 가운데 시기와 분쟁이 있으니
어찌 육신에 속하여 사람을 따라 행함이 아니리요

4 어떤 이는 말하되 나는 바울에게라 하고
다른 이는 나는 아볼로에게라 하니
너희가 육의 사람이 아니리요

5 그런즉 아볼로는 무엇이며 바울은 무엇이냐
그들은 주께서 각각 주신 대로

너희로 하여금 믿게 한 사역자(使役者)들이니라

6 나는 심었고 아볼로는 물을 주었으되
오직 하나님께서 자라나게 하셨나니

7 그런즉 심는 이나 물 주는 이는 아무 것도 아니로되
오직 자라게 하시는 이는 하나님뿐이니라

8 심는 이와 물 주는 이는 한가지이나
각각 자기가 일한 대로 자기의 상을 받으리라

9 우리는 하나님의 동역자들이요
너희는 하나님의 밭이요 하나님의 집이니라

10 내게 주신 하나님의 은혜를 따라
내가 지혜로운 건축자와 같이 터를 닦아 두매
다른 이가 그 위에 세우나

그러나 각각 어떻게 그 위에 세울까를 조심할지니라

11 이 닦아 둔 것 외에 능히 다른 터를 닦아 둘 자가 없으니
이 터는 곧 예수 그리스도라

12 만일 누구든지 금이나 은이나 보석이나
나무나 풀이나 짚으로 이 터 위에 세우면

13 각 사람의 공적이 나타날 터인데
그 날이 공적을 밝히리니 이는 불로 나타내고
그 불이 각 사람의 공적이 어떠한 것을 시험할 것임이라

14 만일 누구든지 그 위에 세운 공적이
그대로 있으면 상을 받고

15 누구든지 그 공적이 불타면 해를 받으리니
그러나 자신은 구원을 받되 불 가운데서 받은 것 같으리라

¹⁶너희는 너희가 하나님의 성전인 것과
하나님의 성령이 너희 안에 계시는 것을 알지 못하느냐

¹⁷누구든지 하나님의 성전을 더럽히면
하나님이 그 사람을 멸하시리라
하나님의 성전은 거룩하니 너희도 그러하니라

¹⁸아무도 자신을 속이지 말라
너희 중에 누구든지 이 세상에서

지혜 있는 줄로 생각하거든 어리석은 자가 되라
그리하여야 지혜로운 자가 되리라

¹⁹이 세상 지혜는 하나님께 어리석은 것이니
기록된 바 하나님은 지혜 있는 자들로 하여금
자기 꾀에 빠지게 하시는 이라 하였고

20 또 주께서 지혜 있는 자들의 생각을
헛것으로 아신다 하셨느니라

21 그런즉 누구든지 사람을 자랑하지 말라
만물이 다 너희 것임이라

22 바울이나 아볼로나 게바나 세계나 생명이나 사망이나
지금 것이나 장래 것이나 다 너희의 것이요

23 너희는 그리스도의 것이요 그리스도는 하나님의 것이니라

그리스도의 일꾼

4 1 사람이 마땅히 우리를 그리스도의 일꾼이요
하나님의 비밀을 맡은 자로 여길지어다

2 그리고 맡은 자들에게 구할 것은 충성(忠誠)이니라

3 너희에게나 다른 사람에게나 판단 받는 것이

내게는 매우 작은 일이라 나도 나를 판단하지 아니하노니

4 내가 자책할 아무 것도 깨닫지 못하나
이로 말미암아 의롭다 함을 얻지 못하노라
다만 나를 심판하실 이는 주시니라

5 그러므로 때가 이르기 전 곧 주께서 오시기까지
아무 것도 판단하지 말라

그가 어둠에 감추인 것들을 드러내고
마음의 뜻을 나타내시리니 그 때에 각 사람에게
하나님으로부터 칭찬이 있으리라

6 형제들아 내가 너희를 위하여
이 일에 나와 아볼로를 들어서 본을 보였으니
이는 너희로 하여금 기록된 말씀 밖으로

넘어가지 말라 한 것을 우리에게서 배워 서로 대적하여
교만한 마음을 가지지 말게 하려 함이라

7 누가 너를 남달리 구별(區別)하였느냐
네게 있는 것 중에 받지 아니한 것이 무엇이냐
네가 받았은즉 어찌하여 받지 아니한 것 같이 자랑하느냐

8 너희가 이미 배 부르며 이미 풍성하며
우리 없이도 왕이 되었도다

우리가 너희와 함께 왕 노릇 하기 위하여
참으로 너희가 왕이 되기를 원하노라

9 내가 생각하건대 하나님이 사도인 우리를
죽이기로 작정된 자 같이 끄트머리에 두셨으매
우리는 세계(世界) 곧 천사와 사람에게 구경거리가 되었노라

10 우리는 그리스도 때문에 어리석으나
너희는 그리스도 안에서 지혜롭고

우리는 약하나 너희는 강하고
너희는 존귀하나 우리는 비천하여

11 바로 이 시각까지 우리가 주리고 목마르며
헐벗고 매맞으며 정처가 없고

12 또 수고하여 친히 손으로 일을 하며
모욕을 당한즉 축복하고 박해를 받은즉 참고

13 비방을 받은즉 권면하니 우리가 지금까지
세상의 더러운 것과 만물의 찌꺼기 같이 되었도다

14 내가 너희를 부끄럽게 하려고 이것을 쓰는 것이 아니라
오직 너희를 내 사랑하는 자녀 같이 권하려 하는 것이라

15 그리스도 안에서 일만 스승이 있으되
아버지는 많지 아니하니 그리스도 예수 안에서
내가 복음으로써 너희를 낳았음이라

16 그러므로 내가 너희에게 권하노니
너희는 나를 본받는 자가 되라

17 이로 말미암아 내가 주 안에서
내 사랑하고 신실한 아들 디모데를 너희에게 보내었으니

그가 너희로 하여금 그리스도 예수 안에서 나의 행사
곧 내가 각처 각 교회에서 가르치는 것을 생각나게 하리라

18 어떤 이들은 내가 너희에게 나아가지 아니할 것 같이
스스로 교만하여졌으나

19 주께서 허락하시면 내가 너희에게 속히 나아가서

교만한 자들의 말이 아니라 오직 그 능력을 알아보겠으니

20 하나님의 나라는 말에 있지 아니하고 오직 능력에 있음이라

21 너희가 무엇을 원하느냐
내가 매를 가지고 너희에게 나아가랴
사랑과 온유한 마음으로 나아가랴

음행한 자를 판단하다

5 1 너희 중에 심지어 음행이 있다 함을 들으니
그런 음행은 이방인 중에서도 없는 것이라
누가 그 아버지의 아내를 취하였다 하는도다

2 그리하고도 너희가 오히려 교만하여져서
어찌하여 통한히 여기지 아니하고
그 일 행한 자를 너희 중에서 쫓아내지 아니하였느냐

3 내가 실로 몸으로는 떠나 있으나 영으로는 함께 있어서
거기 있는 것 같이 이런 일 행한 자를 이미 판단하였노라

4 주 예수의 이름으로 너희가 내 영과 함께 모여서
우리 주 예수의 능력으로

5 이런 자를 사탄에게 내주었으니 이는 육신은 멸하고
영은 주 예수의 날에 구원을 받게 하려 함이라

6 너희가 자랑하는 것이 옳지 아니하도다
적은 누룩이 온 덩어리에 퍼지는 것을 알지 못하느냐

7 너희는 누룩 없는 자인데 새 덩어리가 되기 위하여
묵은 누룩을 내버리라 우리의 유월절 양
곧 그리스도께서 희생되셨느니라

8 이러므로 우리가 명절을 지키되

묵은 누룩으로도 말고 악하고 악의에 찬 누룩으로도 말고
누룩이 없이 오직 순전함과 진실함의 떡으로 하자

⁹내가 너희에게 쓴 편지에
음행하는 자들을 사귀지 말라 하였거니와

¹⁰이 말은 이 세상의 음행하는 자들이나 탐하는 자들이나
속여 빼앗는 자들이나 우상 숭배하는 자들을

도무지 사귀지 말라 하는 것이 아니니
만일 그리하려면 너희가 세상 밖으로 나가야 할 것이라

¹¹이제 내가 너희에게 쓴 것은
만일 어떤 형제라 일컫는 자가 음행하거나

탐욕을 부리거나 우상 숭배를 하거나 모욕하거나
술 취하거나 속여 빼앗거든 사귀지도 말고

그런 자와는 함께 먹지도 말라 함이라

¹² 밖에 있는 사람들을 판단하는 것이야
내게 무슨 상관이 있으리요마는
교회 안에 있는 사람들이야 너희가 판단하지 아니하랴

¹³ 밖에 있는 사람들은 하나님이 심판하시려니와
이 악한 사람은 너희 중에서 내쫓으라

세상 법정에 송사하지 말라

6 ¹ 너희 중에 누가 다른 이와 더불어 다툼이 있는데
구태여 불의한 자들 앞에서 고발(告發)하고
성도 앞에서 하지 아니하느냐

² 성도가 세상을 판단할 것을 너희가 알지 못하느냐
세상도 너희에게 판단을 받겠거든

지극히 작은 일 판단하기를 감당하지 못하겠느냐

3 우리가 천사를 판단할 것을 너희가 알지 못하느냐
그러하거든 하물며 세상 일이랴

4 그런즉 너희가 세상 사건이 있을 때에
교회에서 경히 여김을 받는 자들을 세우느냐

5 내가 너희를 부끄럽게 하려 하여 이 말을 하노니
너희 가운데 그 형제간의 일을 판단할 만한
지혜 있는 자가 이같이 하나도 없느냐

6 형제가 형제와 더불어 고발할 뿐더러
믿지 아니하는 자들 앞에서 하느냐

7 너희가 피차 고발함으로
너희 가운데 이미 뚜렷한 허물이 있나니

차라리 불의를 당하는 것이 낫지 아니하며
차라리 속는 것이 낫지 아니하냐

⁸ 너희는 불의를 행하고 속이는구나 그는 너희 형제로다

⁹ 불의한 자가 하나님의 나라를
유업으로 받지 못할 줄을 알지 못하느냐

미혹(迷惑)을 받지 말라
음행하는 자나 우상 숭배하는 자나
간음하는 자나 탐색하는 자나 남색하는 자나

¹⁰ 도적이나 탐욕을 부리는 자나 술 취하는 자나
모욕하는 자나 속여 빼앗는 자들은
하나님의 나라를 유업으로 받지 못하리라

¹¹ 너희 중에 이와 같은 자들이 있더니

주 예수 그리스도의 이름과 우리 하나님의 성령 안에서
씻음과 거룩함과 의롭다 하심을 받았느니라

몸으로 하나님께 영광을 돌리라

¹²모든 것이 내게 가하나 다 유익한 것이 아니요
모든 것이 내게 가하나 내가 무엇에든지 얽매이지 아니하리라

¹³음식은 배를 위하여 있고 배는 음식을 위하여 있으나
하나님은 이것 저것을 다 폐하시리라

몸은 음란을 위하여 있지 않고 오직 주를 위하여 있으며
주는 몸을 위하여 계시느니라

¹⁴하나님이 주를 다시 살리셨고
또한 그의 권능으로 우리를 다시 살리시리라

¹⁵너희 몸이 그리스도의 지체인 줄을 알지 못하느냐

내가 그리스도의 지체를 가지고 창녀의 지체를 만들겠느냐
결코 그럴 수 없느니라

16 창녀와 합하는 자는 그와 한 몸인 줄을 알지 못하느냐
일렀으되 둘이 한 육체가 된다 하셨나니

17 주와 합하는 자는 한 영이니라

18 음행을 피하라 사람이 범하는 죄마다 몸 밖에 있거니와
음행하는 자는 자기 몸에 죄를 범하느니라

19 너희 몸은 너희가 하나님께로부터 받은 바
너희 가운데 계신 성령의 전인 줄을 알지 못하느냐
너희는 너희 자신의 것이 아니라

20 값으로 산 것이 되었으니
그런즉 너희 몸으로 하나님께 영광을 돌리라

결혼에 대하여 이르다

7

¹ 너희가 쓴 문제에 대하여 말하면
남자가 여자를 가까이 아니함이 좋으나

² 음행을 피하기 위하여 남자마다 자기 아내를 두고
여자마다 자기 남편을 두라

³ 남편은 그 아내에 대한 의무를 다하고
아내도 그 남편에게 그렇게 할지라

⁴ 아내는 자기 몸을 주장하지 못하고 오직 그 남편이 하며
남편도 그와 같이 자기 몸을 주장하지 못하고
오직 그 아내가 하나니

⁵ 서로 분방(分房)하지 말라 다만 기도할 틈을 얻기 위하여
합의상 얼마 동안은 하되 다시 합하라

이는 너희가 절제 못함으로 말미암아
사탄이 너희를 시험하지 못하게 하려 함이라

6 그러나 내가 이 말을 함은 허락이요 명령은 아니니라

7 나는 모든 사람이 나와 같기를 원하노라
그러나 각각 하나님께 받은 자기의 은사(恩賜)가 있으니
이 사람은 이러하고 저 사람은 저러하니라

8 내가 결혼하지 아니한 자들과 과부들에게 이르노니
나와 같이 그냥 지내는 것이 좋으니라

9 만일 절제할 수 없거든 결혼(結婚)하라
정욕이 불 같이 타는 것보다 결혼하는 것이 나으니라

10 결혼한 자들에게 내가 명하노니
(명하는 자는 내가 아니요 주시라)

여자는 남편에게서 갈라서지 말고

11 (만일 갈라섰으면 그대로 지내든지 다시 그 남편과
화합하든지 하라) 남편도 아내를 버리지 말라

12 그 나머지 사람들에게 내가 말하노니
(이는 주의 명령이 아니라)

만일 어떤 형제에게 믿지 아니하는 아내가 있어
남편과 함께 살기를 좋아하거든 그를 버리지 말며

13 어떤 여자에게 믿지 아니하는 남편이 있어
아내와 함께 살기를 좋아하거든 그 남편을 버리지 말라

14 믿지 아니하는 남편이 아내로 말미암아 거룩하게 되고
믿지 아니하는 아내가 남편으로 말미암아 거룩하게 되나니
그렇지 아니하면 너희 자녀도 깨끗하지 못하니라

그러나 이제 거룩하니라

15 혹 믿지 아니하는 자가 갈리거든 갈리게 하라
형제나 자매나 이런 일에 구애될 것이 없느니라
그러나 하나님은 화평 중에서 너희를 부르셨느니라

16 아내 된 자여 네가 남편을 구원할는지
어찌 알 수 있으며

남편 된 자여 네가 네 아내를 구원할는지
어찌 알 수 있으리요

17 오직 주께서 각 사람에게 나눠 주신 대로
하나님이 각 사람을 부르신 그대로 행하라
내가 모든 교회에서 이와 같이 명하노라

18 할례자로서 부르심을 받은 자가 있느냐

무할례자가 되지 말며
무할례자로 부르심을 받은 자가 있느냐
할례를 받지 말라

¹⁹할례 받는 것도 아무 것도 아니요
할례 받지 아니하는 것도 아무 것도 아니로되
오직 하나님의 계명을 지킬 따름이니라

²⁰각 사람은 부르심을 받은 그 부르심 그대로 지내라

²¹네가 종으로 있을 때에 부르심을 받았느냐 염려하지 말라
그러나 네가 자유롭게 될 수 있거든 그것을 이용하라

²²주 안에서 부르심을 받은 자는
종이라도 주께 속한 자유인이요
또 그와 같이 자유인으로 있을 때에

부르심을 받은 자는 그리스도의 종이니라

²³너희는 값으로 사신 것이니 사람들의 종이 되지 말라

²⁴형제들아 너희는 각각 부르심을 받은 그대로
하나님과 함께 거하라

처녀와 과부에게 주는 권면

²⁵처녀에 대하여는 내가 주께 받은 계명이 없으되
주의 자비하심을 받아서 충성스러운 자가 된
내가 의견을 말하노니

²⁶내 생각에는 이것이 좋으니 곧 임박한 환난으로 말미암아
사람이 그냥 지내는 것이 좋으니라

²⁷네가 아내에게 매였느냐 놓이기를 구하지 말며
아내에게서 놓였느냐 아내를 구하지 말라

28 그러나 장가 가도 죄 짓는 것이 아니요
처녀가 시집 가도 죄 짓는 것이 아니로되
이런 이들은 육신에 고난이 있으리니 나는 너희를 아끼노라

29 형제들아 내가 이 말을 하노니 그 때가 단축하여진 고로
이 후부터 아내 있는 자들은 없는 자 같이 하며

30 우는 자들은 울지 않는 자 같이 하며
기쁜 자들은 기쁘지 않은 자 같이 하며
매매(賣買)하는 자들은 없는 자 같이 하며

31 세상 물건(物件)을 쓰는 자들은
다 쓰지 못하는 자 같이 하라
이 세상의 외형(外形)은 지나감이니라

32 너희가 염려 없기를 원하노라

장가 가지 않은 자는 주의 일을 염려하여
어찌하여야 주를 기쁘시게 할까 하되

³³장가 간 자는 세상 일을 염려하여
어찌하여야 아내를 기쁘게 할까 하여

³⁴마음이 갈라지며 시집 가지 않은 자와 처녀는
주의 일을 염려하여 몸과 영을 다 거룩하게 하려 하되

시집 간 자는 세상 일을 염려하여
어찌하여야 남편을 기쁘게 할까 하느니라

³⁵내가 이것을 말함은 너희의 유익을 위함이요
너희에게 올무를 놓으려 함이 아니니

오직 너희로 하여금 이치에 합당하게 하여
흐트러짐이 없이 주를 섬기게 하려 함이라

36 그러므로 만일 누가 자기의 약혼녀에 대한 행동이
합당하지 못한 줄로 생각할 때에

그 약혼녀의 혼기도 지나고 그같이 할 필요가 있거든
원하는 대로 하라 그것은 죄 짓는 것이 아니니
그들로 결혼하게 하라

37 그러나 그가 마음을 정하고 또 부득이한 일도 없고
자기 뜻대로 할 권리가 있어서 그 약혼녀를
그대로 두기로 하여도 잘하는 것이니라

38 그러므로 결혼하는 자도 잘하거니와
결혼하지 아니하는 자는 더 잘하는 것이니라

39 아내는 그 남편이 살아 있는 동안에 매여 있다가
남편이 죽으면 자유로워 자기 뜻대로 시집 갈 것이나

주 안에서만 할 것이니라

40 그러나 내 뜻에는 그냥 지내는 것이 더욱 복이 있으리로다
나도 또한 하나님의 영을 받은 줄로 생각하노라

우상에게 바친 제물

8 1 우상의 제물에 대하여는
우리가 다 지식이 있는 줄을 아나
지식은 교만하게 하며 사랑은 덕을 세우나니

2 만일 누구든지 무엇을 아는 줄로 생각하면
아직도 마땅히 알 것을 알지 못하는 것이요

3 또 누구든지 하나님을 사랑하면
그 사람은 하나님도 알아 주시느니라

4 그러므로 우상의 제물을 먹는 일에 대하여는

우리가 우상은 세상에 아무 것도 아니며
또한 하나님은 한 분밖에 없는 줄 아노라

5 비록 하늘에나 땅에나 신이라 불리는 자가 있어
많은 신과 많은 주가 있으나

6 그러나 우리에게는 한 하나님 곧 아버지가 계시니
만물이 그에게서 났고 우리도 그를 위하여 있고

또한 한 주 예수 그리스도께서 계시니
만물이 그로 말미암고 우리도 그로 말미암아 있느니라

7 그러나 이 지식은 모든 사람에게 있는 것은 아니므로
어떤 이들은 지금까지 우상에 대한 습관이 있어

우상의 제물로 알고 먹는 고로
그들의 양심이 약하여지고 더러워지느니라

8 음식은 우리를 하나님 앞에 내세우지 못하나니
우리가 먹지 않는다고 해서 더 못사는 것도 아니고
먹는다고 해서 더 잘사는 것도 아니니라

9 그런즉 너희의 자유가 믿음이 약한 자들에게
걸려 넘어지게 하는 것이 되지 않도록 조심하라

10 지식 있는 네가 우상의 집에 앉아 먹는 것을
누구든지 보면 그 믿음이 약한 자들의 양심이 담력을 얻어
우상의 제물을 먹게 되지 않겠느냐

11 그러면 네 지식(知識)으로 그 믿음이 약한 자가 멸망하나니
그는 그리스도께서 위하여 죽으신 형제라

12 이같이 너희가 형제에게 죄를 지어
그 약한 양심을 상하게 하는 것이

곧 그리스도에게 죄를 짓는 것이니라

¹³ 그러므로 만일 음식이 내 형제를 실족하게 한다면
나는 영원히 고기를 먹지 아니하여
내 형제를 실족하지 않게 하리라

사도의 권리

9 ¹ 내가 자유인이 아니냐 사도가 아니냐
예수 우리 주를 보지 못하였느냐
주 안에서 행한 나의 일이 너희가 아니냐

² 다른 사람들에게는 내가 사도가 아닐지라도 너희에게는
사도이니 나의 사도 됨을 주 안에서 인친 것이 너희라

³ 나를 비판하는 자들에게 변명할 것이 이것이니

⁴ 우리가 먹고 마실 권리가 없겠느냐

5 우리가 다른 사도들과 주의 형제들과 게바와 같이
  믿음의 자매 된 아내를 데리고 다닐 권리가 없겠느냐

6 어찌 나와 바나바만 일하지 아니할 권리가 없겠느냐

7 누가 자기비용(自己費用)으로 군 복무를 하겠느냐
  누가 포도를 심고 그 열매를 먹지 않겠느냐
  누가 양 떼를 기르고 그 양 떼의 젖을 먹지 않겠느냐

8 내가 사람의 예대로 이것을 말하느냐
  율법도 이것을 말하지 아니하느냐

9 모세의 율법에 곡식을 밟아 떠는 소에게 망을 씌우지 말라
  기록하였으니 하나님께서 어찌 소들을 위하여 염려하심이냐

10 오로지 우리를 위하여 말씀하심이 아니냐
  과연 우리를 위하여 기록된 것이니

밭 가는 자는 소망을 가지고 갈며
곡식 떠는 자는 함께 얻을 소망을 가지고 떠는 것이라

¹¹우리가 너희에게 신령한 것을 뿌렸은즉
너희의 육적인 것을 거두기로 과하다 하겠느냐

¹²다른 이들도 너희에게 이런 권리를 가졌거든
하물며 우리일까보냐

그러나 우리가 이 권리를 쓰지 아니하고 범사에 참는 것은
그리스도의 복음에 아무 장애가 없게 하려 함이로다

¹³성전의 일을 하는 이들은 성전에서 나는 것을 먹으며
제단에서 섬기는 이들은 제단과 함께 나누는 것을
너희가 알지 못하느냐

¹⁴이와 같이 주께서도 복음 전하는 자들이

복음으로 말미암아 살리라 명하셨느니라

15 그러나 내가 이것을 하나도 쓰지 아니하였고
또 이 말을 쓰는 것은 내게 이같이 하여
달라는 것이 아니라

내가 차라리 죽을지언정 누구든지 내 자랑하는 것을
헛된 데로 돌리지 못하게 하리라

16 내가 복음을 전할지라도 자랑할 것이 없음은
내가 부득불 할 일임이라 만일 복음을 전하지 아니하면
내게 화가 있을 것이로다

17 내가 내 자의로 이것을 행하면 상을 얻으려니와
내가 자의로 아니한다 할지라도 나는 사명을 받았노라

18 그런즉 내 상이 무엇이냐

내가 복음을 전할 때에 값없이 전하고
복음으로 말미암아 내게 있는 권리를
다 쓰지 아니하는 이것이로다

¹⁹ 내가 모든 사람에게서 자유로우나
스스로 모든 사람에게 종이 된 것은
더 많은 사람을 얻고자 함이라

²⁰ 유대인들에게 내가 유대인과 같이 된 것은
유대인들을 얻고자 함이요 율법 아래에 있는 자들에게는
내가 율법 아래에 있지 아니하나

율법 아래에 있는 자 같이 된 것은
율법 아래에 있는 자들을 얻고자 함이요

²¹ 율법 없는 자에게는 내가 하나님께는 율법 없는 자가 아니요

도리어 그리스도의 율법 아래에 있는 자이나
율법 없는 자와 같이 된 것은
율법 없는 자들을 얻고자 함이라

22 약한 자들에게 내가 약한 자와 같이 된 것은
약한 자들을 얻고자 함이요

내가 여러 사람에게 여러 모습이 된 것은
아무쪼록 몇 사람이라도 구원하고자 함이니

23 내가 복음을 위하여 모든 것을 행함은
복음에 참여하고자 함이라

24 운동장에서 달음질하는 자들이 다 달릴지라도
오직 상을 받는 사람은 한 사람인 줄을
너희가 알지 못하느냐

너희도 상을 받도록 이와 같이 달음질하라

25 이기기를 다투는 자마다 모든 일에 절제하나니
그들은 썩을 승리자의 관을 얻고자 하되
우리는 썩지 아니할 것을 얻고자 하노라

26 그러므로 나는 달음질하기를
향방(向方) 없는 것 같이 아니하고
싸우기를 허공을 치는 것 같이 아니하며

27 내가 내 몸을 쳐 복종하게 함은 내가 남에게 전파한 후에
자신이 도리어 버림을 당할까 두려워함이로다

우상 숭배하는 일을 피하라

10 1 형제들아 나는 너희가 알지 못하기를
원하지 아니하노니 우리 조상들이

다 구름 아래에 있고 바다 가운데로 지나며

2 모세에게 속하여 다 구름과 바다에서 세례를 받고

3 다 같은 신령한 음식을 먹으며

4 다 같은 신령한 음료를 마셨으니
이는 그들을 따르는 신령한 반석으로부터 마셨으매
그 반석(磐石)은 곧 그리스도시라

5 그러나 그들의 다수를 하나님이 기뻐하지 아니하셨으므로
그들이 광야에서 멸망을 받았느니라

6 이러한 일은 우리의 본보기가 되어
우리로 하여금 그들이 악을 즐겨 한 것 같이
즐겨 하는 자가 되지 않게 하려 함이니

7 그들 가운데 어떤 사람들과 같이

너희는 우상 숭배하는 자가 되지 말라
기록된 바 백성이 앉아서 먹고 마시며
일어나서 뛰논다 함과 같으니라

8 그들 중의 어떤 사람들이 음행하다가
하루에 이만 삼천 명이 죽었나니
우리는 그들과 같이 음행하지 말자

9 그들 가운데 어떤 사람들이 주를 시험하다가
뱀에게 멸망하였나니 우리는 그들과 같이 시험하지 말자

10 그들 가운데 어떤 사람들이 원망하다가
멸망시키는 자에게 멸망하였나니
너희는 그들과 같이 원망하지 말라

11 그들에게 일어난 이런 일은 본보기가 되고

또한 말세를 만난 우리를 깨우치기 위하여 기록되었느니라

12 그런즉 선 줄로 생각하는 자는 넘어질까 조심하라

13 사람이 감당할 시험 밖에는
너희가 당한 것이 없나니 오직 하나님은 미쁘사
너희가 감당하지 못할 시험 당함을 허락하지 아니하시고

시험 당할 즈음에 또한 피할 길을 내사
너희로 능히 감당하게 하시느니라

14 그런즉 내 사랑하는 자들아 우상 숭배하는 일을 피하라

15 나는 지혜 있는 자들에게 말함과 같이 하노니
너희는 내가 이르는 말을 스스로 판단하라

16 우리가 축복하는 바 축복의 잔은
그리스도의 피에 참여함이 아니며

우리가 떼는 떡은 그리스도의 몸에 참여(參與)함이 아니냐

¹⁷ 떡이 하나요 많은 우리가 한 몸이니
이는 우리가 다 한 떡에 참여함이라

¹⁸ 육신을 따라 난 이스라엘을 보라
제물을 먹는 자들이 제단에 참여하는 자들이 아니냐

¹⁹ 그런즉 내가 무엇을 말하느냐
우상의 제물은 무엇이며 우상은 무엇이냐

²⁰ 무릇 이방인이 제사하는 것은 귀신에게 하는 것이요
하나님께 제사하는 것이 아니니 나는 너희가
귀신과 교제하는 자가 되기를 원하지 아니하노라

²¹ 너희가 주의 잔과 귀신의 잔을 겸하여 마시지 못하고
주의 식탁과 귀신의 식탁에 겸하여 참여하지 못하리라

²²그러면 우리가 주를 노여워하시게 하겠느냐
우리가 주보다 강한 자냐

다 하나님의 영광을 위하여 하라

²³모든 것이 가하나 모든 것이 유익한 것은 아니요
모든 것이 가하나 모든 것이 덕을 세우는 것은 아니니

²⁴누구든지 자기의 유익을 구하지 말고 남의 유익을 구하라

²⁵무릇 시장에서 파는 것은 양심을 위하여 묻지 말고 먹으라

²⁶이는 땅과 거기 충만한 것이 주의 것임이라

²⁷불신자 중 누가 너희를 청할 때에
너희가 가고자 하거든 너희 앞에 차려 놓은 것은
무엇이든지 양심을 위하여 묻지 말고 먹으라

²⁸누가 너희에게 이것이 제물이라 말하거든

알게 한 자와 그 양심을 위하여 먹지 말라

29 내가 말한 양심은 너희의 것이 아니요 남의 것이니
어찌하여 내 자유가 남의 양심으로 말미암아
판단을 받으리요

30 만일 내가 감사함으로 참여하면
어찌하여 내가 감사하는 것에 대하여 비방을 받으리요

31 그런즉 너희가 먹든지 마시든지 무엇을 하든지
다 하나님의 영광을 위하여 하라

32 유대인에게나 헬라인에게나 하나님의 교회에나
거치는 자가 되지 말고

33 나와 같이 모든 일에 모든 사람을 기쁘게 하여
자신의 유익을 구하지 아니하고

많은 사람의 유익을 구하여 그들로 구원을 받게 하라

11 ¹ 내가 그리스도를 본받는 자가 된 것 같이
너희는 나를 본받는 자가 되라

여자가 머리를 가리는 것

² 너희가 모든 일에 나를 기억하고
또 내가 너희에게 전하여 준 대로
그 전통을 너희가 지키므로 너희를 칭찬하노라

³ 그러나 나는 너희가 알기를 원하노니
각 남자의 머리는 그리스도요 여자의 머리는 남자요
그리스도의 머리는 하나님이시라

⁴ 무릇 남자로서 머리에 무엇을 쓰고
기도나 예언(豫言)을 하는 자는

그 머리를 욕되게 하는 것이요

5 무릇 여자로서 머리에 쓴 것을 벗고
기도나 예언을 하는 자는 그 머리를 욕되게 하는 것이니
이는 머리를 민 것과 다름이 없음이라

6 만일 여자가 머리를 가리지 않거든 깎을 것이요
만일 깎거나 미는 것이 여자에게 부끄러움이 되거든
가릴지니라

7 남자는 하나님의 형상과 영광이니
그 머리를 마땅히 가리지 않거니와 여자는 남자의 영광이니라

8 남자가 여자에게서 난 것이 아니요
여자가 남자에게서 났으며

9 또 남자가 여자를 위하여 지음을 받지 아니하고

여자가 남자를 위하여 지음을 받은 것이니

10 그러므로 여자는 천사들로 말미암아
권세 아래에 있는 표를 그 머리 위에 둘지니라

11 그러나 주 안에는 남자 없이 여자만 있지 않고
여자 없이 남자만 있지 아니하니라

12 이는 여자가 남자에게서 난 것 같이
남자도 여자로 말미암아 났음이라
그리고 모든 것은 하나님에게서 났느니라

13 너희는 스스로 판단하라 여자가 머리를 가리지 않고
하나님께 기도하는 것이 마땅하냐

14 만일 남자에게 긴 머리가 있으면
자기에게 부끄러움이 되는 것을

본성이 너희에게 가르치지 아니하느냐

¹⁵만일 여자가 긴 머리가 있으면 자기에게 영광이 되나니
긴 머리는 가리는 것을 대신하여 주셨기 때문이니라

¹⁶논쟁하려는 생각을 가진 자가 있을지라도
우리에게나 하나님의 모든 교회에는 이런 관례가 없느니라

성만찬의 제정

¹⁷내가 명하는 이 일에 너희를 칭찬하지 아니하나니
이는 너희의 모임이 유익이 못되고 도리어 해로움이라

¹⁸먼저 너희가 교회에 모일 때에 너희 중에
분쟁이 있다 함을 듣고 어느 정도 믿거니와

¹⁹너희 중에 파당이 있어야 너희 중에
옳다 인정함을 받은 자들이 나타나게 되리라

20 그런즉 너희가 함께 모여서
주의 만찬(晚餐)을 먹을 수 없으니

21 이는 먹을 때에 각각 자기의 만찬을 먼저 갖다 먹으므로
어떤 사람은 시장하고 어떤 사람은 취함이라

22 너희가 먹고 마실 집이 없느냐
너희가 하나님의 교회를 업신여기고
빈궁한 자들을 부끄럽게 하느냐

내가 너희에게 무슨 말을 하랴
너희를 칭찬하랴 이것으로 칭찬하지 않노라

23 내가 너희에게 전한 것은 주께 받은 것이니
곧 주 예수께서 잡히시던 밤에 떡을 가지사

24 축사하시고 떼어 이르시되

이것은 너희를 위하는 내 몸이니
이것을 행하여 나를 기념하라 하시고

25 식후에 또한 그와 같이 잔을 가지시고 이르시되
이 잔은 내 피로 세운 새 언약이니
이것을 행하여 마실 때마다 나를 기념하라 하셨으니

26 너희가 이 떡을 먹으며 이 잔을 마실 때마다
주의 죽으심을 그가 오실 때까지 전하는 것이니라

27 그러므로 누구든지 주의 떡이나 잔을
합당하지 않게 먹고 마시는 자는
주의 몸과 피에 대하여 죄를 짓는 것이니라

28 사람이 자기를 살피고 그 후에야
이 떡을 먹고 이 잔을 마실지니

29 주의 몸을 분별(分別)하지 못하고 먹고 마시는 자는
자기의 죄를 먹고 마시는 것이니라

30 그러므로 너희 중에 약한 자와 병든 자가 많고
잠자는 자도 적지 아니하니

31 우리가 우리를 살폈으면 판단을 받지 아니하려니와

32 우리가 판단을 받는 것은 주께 징계를 받는 것이니
이는 우리로 세상과 함께 정죄함을 받지 않게 하려 하심이라

33 그런즉 내 형제들아 먹으러 모일 때에 서로 기다리라

34 만일 누구든지 시장하거든 집에서 먹을지니 이는
너희의 모임이 판단 받는 모임이 되지 않게 하려 함이라
그밖의 일들은 내가 언제든지 갈 때에 바로잡으리라

성령의 은사

12 ¹ 형제들아 신령한 것에 대하여
나는 너희가 알지 못하기를 원하지 아니하노니

² 너희도 알거니와 너희가 이방인으로 있을 때에
말 못하는 우상에게로 끄는 그대로 끌려 갔느니라

³ 그러므로 내가 너희에게 알리노니
하나님의 영으로 말하는 자는
누구든지 예수를 저주할 자라 하지 아니하고

또 성령으로 아니하고는 누구든지
예수를 주시라 할 수 없느니라

⁴ 은사는 여러 가지나 성령은 같고

⁵ 직분은 여러 가지나 주는 같으며

⁶ 또 사역은 여러 가지나 모든 것을

모든 사람 가운데서 이루시는 하나님은 같으니

7 각 사람에게 성령을 나타내심은 유익하게 하려 하심이라

8 어떤 사람에게는 성령으로 말미암아 지혜의 말씀을,
어떤 사람에게는 같은 성령을 따라 지식의 말씀을,

9 다른 사람에게는 같은 성령으로 믿음을,
어떤 사람에게는 한 성령으로 병 고치는 은사를,

10 어떤 사람에게는 능력 행함을,
어떤 사람에게는 예언함을,
어떤 사람에게는 영들 분별함을,

다른 사람에게는 각종 방언 말함을,
어떤 사람에게는 방언들 통역(通譯)함을 주시나니

11 이 모든 일은 같은 한 성령이 행하사

그의 뜻대로 각 사람에게 나누어 주시는 것이니라

하나의 몸과 많은 지체

12 몸은 하나인데 많은 지체가 있고 몸의 지체가 많으나
한 몸임과 같이 그리스도도 그러하니라

13 우리가 유대인이나 헬라인이나 종이나 자유인이나
다 한 성령으로 세례를 받아 한 몸이 되었고
또 다 한 성령을 마시게 하셨느니라

14 몸은 한 지체뿐만 아니요 여럿이니

15 만일 발이 이르되 나는 손이 아니니
몸에 붙지 아니하였다 할지라도
이로써 몸에 붙지 아니한 것이 아니요

16 또 귀가 이르되 나는 눈이 아니니

몸에 붙지 아니하였다 할지라도
이로써 몸에 붙지 아니한 것이 아니니

¹⁷만일 온 몸이 눈이면 듣는 곳은 어디며
온 몸이 듣는 곳이면 냄새 맡는 곳은 어디냐

¹⁸그러나 이제 하나님이 그 원하시는 대로
지체를 각각 몸에 두셨으니

¹⁹만일 다 한 지체뿐이면 몸은 어디냐

²⁰이제 지체는 많으나 몸은 하나라

²¹눈이 손더러 내가 너를 쓸 데가 없다 하거나
또한 머리가 발더러 내가 너를 쓸 데가 없다 하지 못하리라

²²그뿐 아니라 더 약하게 보이는 몸의 지체가 도리어 요긴하고

²³우리가 몸의 덜 귀히 여기는 그것들을

더욱 귀한 것들로 입혀 주며 우리의 아름답지 못한 지체는
더욱 아름다운 것을 얻느니라 그런즉

²⁴우리의 아름다운 지체는 그럴 필요가 없느니라
오직 하나님이 몸을 고르게 하여
부족한 지체에게 귀중함을 더하사

²⁵몸 가운데서 분쟁이 없고
오직 여러 지체가 서로 같이 돌보게 하셨느니라

²⁶만일 한 지체가 고통을 받으면 모든 지체가 함께 고통을 받고
한 지체가 영광을 얻으면 모든 지체가 함께 즐거워하느니라

²⁷너희는 그리스도의 몸이요 지체의 각 부분이라

²⁸하나님이 교회 중에 몇을 세우셨으니
첫째는 사도요 둘째는 선지자요 셋째는 교사요

그 다음은 능력을 행하는 자요
그 다음은 병 고치는 은사와 서로 돕는 것과
다스리는 것과 각종 방언을 말하는 것이라

²⁹다 사도이겠느냐 다 선지자(先知者)이겠느냐
다 교사(教師)이겠느냐 다 능력을 행하는 자이겠느냐

³⁰다 병 고치는 은사를 가진 자이겠느냐
다 방언을 말하는 자이겠느냐 다 통역하는 자이겠느냐

³¹너희는 더욱 큰 은사를 사모하라
내가 또한 가장 좋은 길을 너희에게 보이리라

사랑

13

¹내가 사람의 방언과 천사의 말을 할지라도 사랑이
없으면 소리 나는 구리와 울리는 꽹과리가 되고

2 내가 예언하는 능력이 있어 모든 비밀과 모든 지식을 알고
또 산을 옮길 만한 모든 믿음이 있을지라도
사랑이 없으면 내가 아무 것도 아니요

3 내가 내게 있는 모든 것으로 구제하고
또 내 몸을 불사르게 내줄지라도
사랑이 없으면 내게 아무 유익이 없느니라

4 사랑은 오래 참고 사랑은 온유하며 시기하지 아니하며
사랑은 자랑하지 아니하며 교만하지 아니하며

5 무례히 행하지 아니하며 자기의 유익을 구하지 아니하며
성내지 아니하며 악한 것을 생각하지 아니하며

6 불의를 기뻐하지 아니하며 진리와 함께 기뻐하고

7 모든 것을 참으며 모든 것을 믿으며

모든 것을 바라며 모든 것을 견디느니라

8 사랑은 언제까지나 떨어지지 아니하되
예언도 폐하고 방언도 그치고 지식도 폐하리라

9 우리는 부분적으로 알고 부분적으로 예언하니

10 온전한 것이 올 때에는 부분적으로 하던 것이 폐하리라

11 내가 어렸을 때에는 말하는 것이 어린 아이와 같고
깨닫는 것이 어린 아이와 같고

생각하는 것이 어린 아이와 같다가
장성한 사람이 되어서는 어린 아이의 일을 버렸노라

12 우리가 지금은 거울로 보는 것 같이 희미하나
그 때에는 얼굴과 얼굴을 대하여 볼 것이요
지금은 내가 부분적으로 아나 그 때에는 주께서

나를 아신 것 같이 내가 온전히 알리라

13 그런즉 믿음, 소망, 사랑, 이 세 가지는 항상 있을 것인데
그 중의 제일은 사랑이라

방언과 예언

14 1 사랑을 추구하며 신령한 것들을 사모(思慕)하되
특별히 예언을 하려고 하라

2 방언을 말하는 자는 사람에게 하지 아니하고
하나님께 하나니 이는 알아 듣는 자가 없고
영으로 비밀을 말함이라

3 그러나 예언하는 자는 사람에게 말하여
덕을 세우며 권면하며 위로(慰勞)하는 것이요

4 방언을 말하는 자는 자기의 덕을 세우고

예언하는 자는 교회의 덕을 세우나니

5 나는 너희가 다 방언 말하기를 원하나
특별히 예언하기를 원하노라

만일 방언을 말하는 자가 통역하여
교회의 덕을 세우지 아니하면 예언하는 자만 못하니라

6 그런즉 형제들아 내가 너희에게 나아가서
방언으로 말하고 계시나 지식이나 예언이나

가르치는 것으로 말하지 아니하면
너희에게 무엇이 유익하리요

7 혹 피리나 거문고와 같이 생명 없는 것이
소리를 낼 때에 그 음의 분별을 나타내지 아니하면
피리 부는 것인지 거문고 타는 것인지 어찌 알게 되리요

8 만일 나팔이 분명하지 못한 소리를 내면
누가 전투를 준비하리요

9 이와 같이 너희도 혀로써 알아 듣기 쉬운 말을
하지 아니하면 그 말하는 것을 어찌 알리요
이는 허공에다 말하는 것이라

10 이같이 세상에 소리의 종류가 많으나
뜻 없는 소리는 없나니

11 그러므로 내가 그 소리의 뜻을 알지 못하면
내가 말하는 자에게 외국인이 되고
말하는 자도 내게 외국인이 되리니

12 그러므로 너희도 영적인 것을 사모하는 자인즉
교회의 덕을 세우기 위하여 그것이 풍성하기를 구하라

¹³그러므로 방언을 말하는 자는 통역하기를 기도할지니

¹⁴내가 만일 방언으로 기도하면 나의 영이 기도하거니와
나의 마음은 열매를 맺지 못하리라

¹⁵그러면 어떻게 할까
내가 영으로 기도하고 또 마음으로 기도하며
내가 영으로 찬송하고 또 마음으로 찬송하리라

¹⁶그렇지 아니하면 네가 영으로 축복할 때에
알지 못하는 처지에 있는 자가

네가 무슨 말을 하는지 알지 못하고
네 감사에 어찌 아멘 하리요

¹⁷너는 감사를 잘하였으나
그러나 다른 사람은 덕 세움을 받지 못하리라

¹⁸내가 너희 모든 사람보다 방언을 더 말하므로
하나님께 감사하노라

¹⁹그러나 교회에서 내가 남을 가르치기 위하여
깨달은 마음으로 다섯 마디 말을 하는 것이
일만 마디 방언으로 말하는 것보다 나으니라

²⁰형제들아 지혜에는 아이가 되지 말고
악에는 어린 아이가 되라 지혜에는 장성한 사람이 되라

²¹율법에 기록된 바 주께서 이르시되
내가 다른 방언을 말하는 자와

다른 입술로 이 백성에게 말할지라도
그들이 여전히 듣지 아니하리라 하였으니

²²그러므로 방언은 믿는 자들을 위하지 아니하고

믿지 아니하는 자들을 위하는 표적이나
예언은 믿지 아니하는 자들을 위하지 않고
믿는 자들을 위함이니라

²³ 그러므로 온 교회가 함께 모여 다 방언으로 말하면
알지 못하는 자들이나 믿지 아니하는 자들이 들어와서
너희를 미쳤다 하지 아니하겠느냐

²⁴ 그러나 다 예언을 하면 믿지 아니하는 자들이나
알지 못하는 자들이 들어와서 모든 사람에게 책망을 들으며
모든 사람에게 판단을 받고

²⁵ 그 마음의 숨은 일들이 드러나게 되므로
엎드리어 하나님께 경배하며
하나님이 참으로 너희 가운데 계신다 전파하리라

차례를 따라 하라

²⁶ 그런즉 형제들아 어찌할까
너희가 모일 때에 각각 찬송시도 있으며

가르치는 말씀도 있으며 계시도 있으며 방언도 있으며
통역함도 있나니 모든 것을 덕을 세우기 위하여 하라

²⁷ 만일 누가 방언으로 말하거든
두 사람이나 많아야 세 사람이 차례(次例)를 따라 하고
한 사람이 통역할 것이요

²⁸ 만일 통역하는 자가 없으면 교회에서는 잠잠하고
자기와 하나님께 말할 것이요

²⁹ 예언하는 자는 둘이나 셋이나 말하고
다른 이들은 분별할 것이요

30 만일 곁에 앉아 있는 다른 이에게 계시가 있으면
먼저 하던 자는 잠잠할지니라

31 너희는 다 모든 사람으로 배우게 하고
모든 사람으로 권면(勸勉)을 받게 하기 위하여
하나씩 하나씩 예언할 수 있느니라

32 예언하는 자들의 영은 예언하는 자들에게 제재를 받나니

33 하나님은 무질서의 하나님이 아니시요
오직 화평의 하나님이시니라 모든 성도가 교회에서 함과 같이

34 여자는 교회에서 잠잠하라
그들에게는 말하는 것을 허락함이 없나니
율법에 이른 것 같이 오직 복종할 것이요

35 만일 무엇을 배우려거든 집에서 자기 남편에게 물을지니

여자가 교회에서 말하는 것은 부끄러운 것이라

³⁶하나님의 말씀이 너희로부터 난 것이냐
또는 너희에게만 임한 것이냐

³⁷만일 누구든지 자기를 선지자나
혹은 신령한 자로 생각하거든 내가 너희에게 편지하는
이 글이 주의 명령인 줄 알라

³⁸만일 누구든지 알지 못하면 그는 알지 못한 자니라

³⁹그런즉 내 형제들아 예언하기를 사모하며
방언 말하기를 금하지 말라

⁴⁰모든 것을 품위 있게 하고 질서 있게 하라

그리스도의 부활

15 ¹ 형제들아 내가 너희에게 전한 복음을

너희에게 알게 하노니 이는 너희가 받은 것이요
또 그 가운데 선 것이라

2 너희가 만일 내가 전한 그 말을 굳게 지키고
헛되이 믿지 아니하였으면 그로 말미암아 구원을 받으리라

3 내가 받은 것을 먼저 너희에게 전하였노니
이는 성경대로 그리스도께서 우리 죄를 위하여 죽으시고

4 장사 지낸 바 되셨다가 성경대로 사흘 만에 다시 살아나사

5 게바에게 보이시고 후에 열두 제자에게와

6 그 후에 오백여 형제에게 일시에 보이셨나니
그 중에 지금까지 대다수는 살아 있고
어떤 사람은 잠들었으며

7 그 후에 야고보에게 보이셨으며 그 후에 모든 사도에게와

8 맨 나중에 만삭(滿朔)되지 못하여 난 자 같은
내게도 보이셨느니라

9 나는 사도 중에 가장 작은 자라
나는 하나님의 교회를 박해(迫害)하였으므로
사도라 칭함 받기를 감당하지 못할 자니라

10 그러나 내가 나 된 것은 하나님의 은혜로 된 것이니
내게 주신 그의 은혜가 헛되지 아니하여
내가 모든 사도보다 더 많이 수고하였으나

내가 한 것이 아니요
오직 나와 함께 하신 하나님의 은혜로라

11 그러므로 나나 그들이나 이같이 전파하매
너희도 이같이 믿었느니라

죽은 사람의 부활

12 그리스도께서 죽은 자 가운데서
다시 살아나셨다 전파되었거늘

너희 중에서 어떤 사람들은 어찌하여
죽은 자 가운데서 부활이 없다 하느냐

13 만일 죽은 자의 부활이 없으면
그리스도도 다시 살아나지 못하셨으리라

14 그리스도께서 만일 다시 살아나지 못하셨으면
우리가 전파하는 것도 헛것이요 또 너희 믿음도 헛것이며

15 또 우리가 하나님의 거짓 증인으로 발견되리니
우리가 하나님이 그리스도를 다시 살리셨다고 증언하였음이라
만일 죽은 자가 다시 살아나는 일이 없으면

하나님이 그리스도를 다시 살리지 아니하셨으리라

16 만일 죽은 자가 다시 살아나는 일이 없으면
그리스도도 다시 살아나신 일이 없었을 터이요

17 그리스도께서 다시 살아나신 일이 없으면
너희의 믿음도 헛되고 너희가 여전히 죄 가운데 있을 것이요

18 또한 그리스도 안에서 잠자는 자도 망하였으리니

19 만일 그리스도 안에서 우리가 바라는 것이
다만 이 세상의 삶뿐이면 모든 사람 가운데
우리가 더욱 불쌍한 자이리라

20 그러나 이제 그리스도께서 죽은 자 가운데서
다시 살아나사 잠자는 자들의 첫 열매가 되셨도다

21 사망이 한 사람으로 말미암았으니

죽은 자의 부활도 한 사람으로 말미암는도다

22 아담 안에서 모든 사람이 죽은 것 같이
그리스도 안에서 모든 사람이 삶을 얻으리라

23 그러나 각각 자기 차례대로 되리니
먼저는 첫 열매인 그리스도요 다음에는
그가 강림(降臨)하실 때에 그리스도에게 속한 자요

24 그 후에는 마지막이니
그가 모든 통치(統治)와 모든 권세와 능력을 멸하시고
나라를 아버지 하나님께 바칠 때라

25 그가 모든 원수를 그 발 아래에 둘 때까지
반드시 왕 노릇 하시리니

26 맨 나중에 멸망 받을 원수는 사망이니라

27 만물을 그의 발 아래에 두셨다 하셨으니
만물을 아래에 둔다 말씀하실 때에

만물을 그의 아래에 두신 이가
그 중에 들지 아니한 것이 분명하도다

28 만물을 그에게 복종하게 하실 때에는 아들 자신도
그 때에 만물을 자기에게 복종하게 하신 이에게

복종하게 되리니 이는 하나님이 만유의 주로서
만유 안에 계시려 하심이라

29 만일 죽은 자들이 도무지 다시 살아나지 못하면
죽은 자들을 위하여 세례를 받는 자들이 무엇을 하겠느냐
어찌하여 그들을 위하여 세례(洗禮)를 받느냐

30 또 어찌하여 우리가 언제나 위험을 무릅쓰리요

31 형제들아 내가 그리스도 예수 우리 주 안에서 가진 바
너희에 대한 나의 자랑을 두고 단언하노니
나는 날마다 죽노라

32 내가 사람의 방법으로 에베소에서 맹수와 더불어 싸웠다면
내게 무슨 유익이 있으리요

죽은 자가 다시 살아나지 못한다면 내일 죽을 터이니
먹고 마시자 하리라

33 속지 말라 악한 동무들은 선한 행실을 더럽히나니

34 깨어 의를 행하고 죄를 짓지 말라
하나님을 알지 못하는 자가 있기로
내가 너희를 부끄럽게 하기 위하여 말하노라

몸의 부활

35 누가 묻기를 죽은 자들이 어떻게 다시 살아나며
어떠한 몸으로 오느냐 하리니

36 어리석은 자여 네가 뿌리는 씨가
죽지 않으면 살아나지 못하겠고

37 또 네가 뿌리는 것은 장래의 형체를 뿌리는 것이 아니요
다만 밀이나 다른 것의 알맹이 뿐이로되

38 하나님이 그 뜻대로 그에게 형체를 주시되
각 종자에게 그 형체를 주시느니라

39 육체는 다 같은 육체가 아니니
하나는 사람의 육체요 하나는 짐승의 육체요
하나는 새의 육체요 하나는 물고기의 육체라

40 하늘에 속한 형체도 있고 땅에 속한 형체도 있으나

하늘에 속한 것의 영광이 따로 있고
땅에 속한 것의 영광이 따로 있으니

41 해의 영광이 다르고 달의 영광이 다르며
별의 영광도 다른데 별과 별의 영광이 다르도다

42 죽은 자의 부활도 그와 같으니
썩을 것으로 심고 썩지 아니할 것으로 다시 살아나며

43 욕된 것으로 심고 영광스러운 것으로 다시 살아나며
약한 것으로 심고 강한 것으로 다시 살아나며

44 육의 몸으로 심고 신령한 몸으로 다시 살아나나니
육의 몸이 있은즉 또 영의 몸도 있느니라

45 기록된 바 첫 사람 아담은 생령이 되었다 함과 같이
마지막 아담은 살려 주는 영이 되었나니

⁴⁶그러나 먼저는 신령한 사람이 아니요 육의 사람이요
그 다음에 신령한 사람이니라

⁴⁷첫 사람은 땅에서 났으니 흙에 속한 자이거니와
둘째 사람은 하늘에서 나셨느니라

⁴⁸무릇 흙에 속한 자들은 저 흙에 속한 자와 같고
무릇 하늘에 속한 자들은 저 하늘에 속한 이와 같으니

⁴⁹우리가 흙에 속한 자의 형상을 입은 것 같이
또한 하늘에 속한 이의 형상을 입으리라

⁵⁰형제들아 내가 이것을 말하노니
혈과 육은 하나님 나라를 이어 받을 수 없고

또한 썩는 것은 썩지 아니하는 것을
유업으로 받지 못하느니라

⁵¹ 보라 내가 너희에게 비밀을 말하노니
우리가 다 잠 잘 것이 아니요 마지막 나팔에
순식간에 홀연(忽然)히 다 변화되리니

⁵² 나팔 소리가 나매 죽은 자들이 썩지 아니할 것으로
다시 살아나고 우리도 변화되리라

⁵³ 이 썩을 것이 반드시 썩지 아니할 것을 입겠고
이 죽을 것이 죽지 아니함을 입으리로다

⁵⁴ 이 썩을 것이 썩지 아니함을 입고
이 죽을 것이 죽지 아니함을 입을 때에는
사망을 삼키고 이기리라고 기록된 말씀이 이루어지리라

⁵⁵ 사망아 너의 승리가 어디 있느냐
사망아 네가 쏘는 것이 어디 있느냐

⁵⁶사망이 쏘는 것은 죄요 죄의 권능은 율법이라

⁵⁷우리 주 예수 그리스도로 말미암아
우리에게 승리를 주시는 하나님께 감사하노니

⁵⁸그러므로 내 사랑하는 형제들아 견실(堅實)하며
흔들리지 말고 항상 주의 일에 더욱 힘쓰는 자들이 되라
이는 너희 수고가 주 안에서 헛되지 않은 줄 앎이라

성도를 위하는 연보

16

¹성도를 위하는 연보에 관하여는
내가 갈라디아 교회들에게 명한 것 같이
너희도 그렇게 하라

²매주 첫날에 너희 각 사람이 수입에 따라 모아 두어서
내가 갈 때에 연보를 하지 않게 하라

3 내가 이를 때에 너희가 인정한 사람에게 편지를 주어
너희의 은혜를 예루살렘으로 가지고 가게 하리니

4 만일 나도 가는 것이 합당하면 그들이 나와 함께 가리라

5 내가 마게도냐를 지날 터이니
마게도냐를 지난 후에 너희에게 가서

6 혹 너희와 함께 머물며 겨울을 지낼 듯도 하니
이는 너희가 나를 내가 갈 곳으로 보내어 주게 하려 함이라

7 이제는 지나는 길에 너희 보기를 원하지 아니하노니
이는 만일 주께서 허락하시면
얼마 동안 너희와 함께 머물기를 바람이라

8 내가 오순절까지 에베소에 머물려 함은

9 내게 광대하고 유효(有效)한 문이 열렸으나

대적하는 자가 많음이라

¹⁰디모데가 이르거든 너희는 조심하여
그로 두려움이 없이 너희 가운데 있게 하라
이는 그도 나와 같이 주의 일을 힘쓰는 자임이라

¹¹그러므로 누구든지 그를 멸시하지 말고
평안히 보내어 내게로 오게 하라
나는 그가 형제들과 함께 오기를 기다리노라

¹²형제 아볼로에 대하여는 그에게 형제들과 함께
너희에게 가라고 내가 많이 권하였으되
지금은 갈 뜻이 전혀 없으나 기회가 있으면 가리라

권면과 끝 인사

¹³깨어 믿음에 굳게 서서 남자답게 강건하라

14 너희 모든 일을 사랑으로 행하라

15 형제들아 스데바나의 집은 곧 아가야의 첫 열매요
또 성도 섬기기로 작정한 줄을 너희가 아는지라
내가 너희를 권하노니

16 이같은 사람들과 또 함께 일하며
수고하는 모든 사람에게 순종하라

17 내가 스데바나와 브드나도와 아가이고가 온 것을 기뻐하노니
그들이 너희의 부족한 것을 채웠음이라

18 그들이 나와 너희 마음을 시원하게 하였으니
그러므로 너희는 이런 사람들을 알아 주라

19 아시아의 교회들이 너희에게 문안하고
아굴라와 브리스가와 그 집에 있는 교회가

주 안에서 너희에게 간절히 문안하고

20 모든 형제도 너희에게 문안하니
너희는 거룩하게 입맞춤으로 서로 문안하라

21 나 바울은 친필로 너희에게 문안하노니

22 만일 누구든지 주를 사랑하지 아니하면
저주를 받을지어다 우리 주여 오시옵소서

23 주 예수 그리스도의 은혜가 너희와 함께 하고

24 나의 사랑이 그리스도 예수 안에서
너희 무리와 함께 할지어다

God bless you~

고린도후서

이르시되 내가 은혜 베풀 때에
너에게 듣고 구원의 날에 너를 도왔다 하셨으니
보라 지금은 은혜 받을 만한 때요
보라 지금은 구원의 날이로다
_고후 6:2

고난과 위로와 구원과 감사

1

¹ 하나님의 뜻으로 말미암아
그리스도 예수의 사도 된 바울과 형제 디모데는

고린도에 있는 하나님의 교회와
또 온 아가야에 있는 모든 성도에게

² 하나님 우리 아버지와 주 예수 그리스도로부터
은혜와 평강(平康)이 있기를 원하노라

³ 찬송하리로다 그는 우리 주 예수 그리스도의 하나님이시요
자비의 아버지시요 모든 위로의 하나님이시며

⁴ 우리의 모든 환난 중에서 우리를 위로하사
우리로 하여금 하나님께 받는 위로로써
모든 환난 중에 있는 자들을 능히 위로하게 하시는 이시로다

⁵ 그리스도의 고난이 우리에게 넘친 것 같이
우리가 받는 위로도 그리스도로 말미암아 넘치는도다

⁶ 우리가 환난 당하는 것도
너희가 위로와 구원을 받게 하려는 것이요

우리가 위로를 받는 것도
너희가 위로를 받게 하려는 것이니

이 위로가 너희 속에 역사하여
우리가 받는 것 같은 고난을 너희도 견디게 하느니라

⁷ 너희를 위한 우리의 소망이 견고함은
너희가 고난에 참여하는 자가 된 것 같이
위로에도 그러할 줄을 앎이라

⁸ 형제들아 우리가 아시아에서 당한 환난을

너희가 모르기를 원하지 아니하노니
힘에 겹도록 심한 고난을 당하여 살 소망까지 끊어지고

9 우리는 우리 자신이 사형 선고를 받은 줄 알았으니
이는 우리로 자기를 의지(意志)하지 말고
오직 죽은 자를 다시 살리시는 하나님만 의지하게 하심이라

10 그가 이같이 큰 사망에서 우리를 건지셨고
또 건지실 것이며 이 후에도 건지시기를 그에게 바라노라

11 너희도 우리를 위하여 간구함으로 도우라
이는 우리가 많은 사람의 기도로 얻은 은사로 말미암아
많은 사람이 우리를 위하여 감사하게 하려 함이라

고린도 교회 방문을 연기하다
12 우리가 세상에서 특별히 너희에 대하여

하나님의 거룩함과 진실함으로 행하되
육체의 지혜로 하지 아니하고 하나님의 은혜로 행함은
우리 양심이 증언하는 바니 이것이 우리의 자랑이라

13 오직 너희가 읽고 아는 것 외에
우리가 다른 것을 쓰지 아니하노니
너희가 완전히 알기를 내가 바라는 것은

14 너희가 우리를 부분적으로 알았으나
우리 주 예수의 날에는 너희가 우리의 자랑이 되고
우리가 너희의 자랑이 되는 그것이라

15 내가 이 확신을 가지고 너희로 두 번 은혜를
얻게 하기 위하여 먼저 너희에게 이르렀다가

16 너희를 지나 마게도냐로 갔다가

다시 마게도냐에서 너희에게 가서
너희의 도움으로 유대로 가기를 계획하였으니

17 이렇게 계획할 때에 어찌 경솔히 하였으리요
혹 계획하기를 육체를 따라 계획하여
예 예 하면서 아니라 아니라 하는 일이 내게 있겠느냐

18 하나님은 미쁘시니라
우리가 너희에게 한 말은 예 하고 아니라 함이 없노라

19 우리 곧 나와 실루아노와 디모데로 말미암아
너희 가운데 전파된 하나님의 아들 예수 그리스도는

예 하고 아니라 함이 되지 아니하셨으니
그에게는 예만 되었느니라

20 하나님의 약속은 얼마든지 그리스도 안에서 예가 되니

그런즉 그로 말미암아 우리가 아멘 하여
하나님께 영광을 돌리게 되느니라

21 우리를 너희와 함께 그리스도 안에서 굳건하게 하시고
우리에게 기름을 부으신 이는 하나님이시니

22 그가 또한 우리에게 인치시고
보증으로 우리 마음에 성령을 주셨느니라

23 내가 내 목숨을 걸고 하나님을 불러 증언하시게 하노니
내가 다시 고린도에 가지 아니한 것은 너희를 아끼려 함이라

24 우리가 너희 믿음을 주관하려는 것이 아니요
오직 너희 기쁨을 돕는 자가 되려 함이니
이는 너희가 믿음에 섰음이라

2 1 내가 다시는 너희에게 근심 중에

나아가지 아니하기로 스스로 결심하였노니

2 내가 너희를 근심하게 한다면
내가 근심하게 한 자밖에 나를 기쁘게 할 자가 누구냐

3 내가 이같이 쓴 것은 내가 갈 때에 마땅히
나를 기쁘게 할 자로부터 도리어 근심을 얻을까 염려함이요

또 너희 모두에 대한 나의 기쁨이
너희 모두의 기쁨인 줄 확신함이로라

4 내가 마음에 큰 눌림과 걱정이 있어
많은 눈물로 너희에게 썼노니
이는 너희로 근심하게 하려 한 것이 아니요

오직 내가 너희를 향하여 넘치는 사랑이 있음을
너희로 알게 하려 함이라

근심하게 한 사람을 용서하라

5 근심하게 한 자가 있었을지라도
나를 근심하게 한 것이 아니요
어느 정도 너희 모두를 근심하게 한 것이니

어느 정도라 함은 내가 너무
지나치게 말하지 아니하려 함이라

6 이러한 사람은 많은 사람에게서 벌 받는 것이 마땅하도다

7 그런즉 너희는 차라리 그를 용서하고 위로할 것이니
그가 너무 많은 근심에 잠길까 두려워하노라

8 그러므로 너희를 권하노니 사랑을 그들에게 나타내라

9 너희가 범사에 순종하는지 그 증거를 알고자 하여
내가 이것을 너희에게 썼노라

¹⁰너희가 무슨 일에든지 누구를 용서하면 나도 그리하고
내가 만일 용서한 일이 있으면 용서한 그것은
너희를 위하여 그리스도 앞에서 한 것이니

¹¹이는 우리로 사탄에게 속지 않게 하려 함이라
우리는 그 계책을 알지 못하는 바가 아니로라

그리스도의 향기

¹²내가 그리스도의 복음을 위하여 드로아에 이르매
주 안에서 문이 내게 열렸으되

¹³내가 내 형제 디도를 만나지 못하므로
내 심령이 편하지 못하여
그들을 작별하고 마게도냐로 갔노라

¹⁴항상 우리를 그리스도 안에서 이기게 하시고

우리로 말미암아 각처에서 그리스도를 아는 냄새를
나타내시는 하나님께 감사하노라

15 우리는 구원 받는 자들에게나 망하는 자들에게나
하나님 앞에서 그리스도의 향기니

16 이 사람에게는 사망으로부터 사망에 이르는 냄새요
저 사람에게는 생명으로부터 생명에 이르는 냄새라
누가 이 일을 감당하리요

17 우리는 수많은 사람들처럼
하나님의 말씀을 혼잡하게 하지 아니하고

곧 순전(純全)함으로 하나님께 받은 것 같이
하나님 앞에서와 그리스도 안에서 말하노라

새 언약의 일꾼들

3 ¹ 우리가 다시 자천하기를 시작하겠느냐
우리가 어찌 어떤 사람처럼 추천서를 너희에게
부치거나 혹은 너희에게 받거나 할 필요가 있느냐

² 너희는 우리의 편지라
우리 마음에 썼고 뭇 사람이 알고 읽는 바라

³ 너희는 우리로 말미암아 나타난 그리스도의 편지니
이는 먹으로 쓴 것이 아니요

오직 살아 계신 하나님의 영으로 쓴 것이며
또 돌판에 쓴 것이 아니요 오직 육의 마음판에 쓴 것이라

⁴ 우리가 그리스도로 말미암아
하나님을 향하여 이같은 확신이 있으니

⁵ 우리가 무슨 일이든지 우리에게서 난 것 같이

스스로 만족할 것이 아니니
우리의 만족은 오직 하나님으로부터 나느니라

6 그가 또한 우리를 새 언약의 일꾼 되기에 만족하게 하셨으니
율법 조문으로 하지 아니하고 오직 영으로 함이니
율법 조문은 죽이는 것이요 영은 살리는 것이니라

7 돌에 써서 새긴 죽게 하는 율법 조문의 직분도 영광이 있어
이스라엘 자손들은 모세의 얼굴의 없어질 영광 때문에도
그 얼굴을 주목하지 못하였거든

8 하물며 영의 직분은 더욱 영광이 있지 아니하겠느냐

9 정죄의 직분도 영광이 있은즉
의의 직분은 영광이 더욱 넘치리라

10 영광되었던 것이 더 큰 영광으로 말미암아

이에 영광될 것이 없으나

¹¹없어질 것도 영광으로 말미암았은즉
길이 있을 것은 더욱 영광 가운데 있느니라

¹²우리가 이같은 소망이 있으므로 담대히 말하노니

¹³우리는 모세가 이스라엘 자손들에게
장차 없어질 것의 결국을 주목하지 못하게 하려고
수건을 그 얼굴에 쓴 것 같이 아니하노라

¹⁴그러나 그들의 마음이 완고하여
오늘까지도 구약을 읽을 때에

그 수건이 벗겨지지 아니하고 있으니
그 수건은 그리스도 안에서 없어질 것이라

¹⁵오늘까지 모세의 글을 읽을 때에 수건이 그 마음을 덮었도다

¹⁶그러나 언제든지 주께로 돌아가면 그 수건이 벗겨지리라

¹⁷주는 영이시니 주의 영이 계신 곳에는 자유가 있느니라

¹⁸우리가 다 수건을 벗은 얼굴로 거울을 보는 것 같이
주의 영광을 보매 그와 같은 형상으로 변화하여
영광에서 영광에 이르니 곧 주의 영으로 말미암음이니라

질그릇에 담긴 보배

4 ¹그러므로 우리가 이 직분을 받아
긍휼하심을 입은 대로 낙심하지 아니하고

²이에 숨은 부끄러움의 일을 버리고 속임으로 행하지 아니하며
하나님의 말씀을 혼잡하게 하지 아니하고

오직 진리를 나타냄으로 하나님 앞에서
각 사람의 양심에 대하여 스스로 추천하노라

³ 만일 우리의 복음이 가리었으면
망하는 자들에게 가리어진 것이라

⁴ 그 중에 이 세상의 신이 믿지 아니하는 자들의
마음을 혼미(昏迷)하게 하여

그리스도의 영광의 복음의 광채가 비치지 못하게 함이니
그리스도는 하나님의 형상이니라

⁵ 우리는 우리를 전파하는 것이 아니라
오직 그리스도 예수의 주 되신 것과
또 예수를 위하여 우리가 너희의 종 된 것을 전파함이라

⁶ 어두운 데에 빛이 비치라 말씀하셨던 그 하나님께서
예수 그리스도의 얼굴에 있는 하나님의 영광을 아는 빛을
우리 마음에 비추셨느니라

7 우리가 이 보배를 질그릇에 가졌으니
이는 심히 큰 능력은 하나님께 있고
우리에게 있지 아니함을 알게 하려 함이라

8 우리가 사방으로 욱여쌈을 당하여도 싸이지 아니하며
답답한 일을 당하여도 낙심하지 아니하며

9 박해를 받아도 버린 바 되지 아니하며
거꾸러뜨림을 당하여도 망하지 아니하고

10 우리가 항상 예수의 죽음을 몸에 짊어짐은
예수의 생명이 또한 우리 몸에 나타나게 하려 함이라

11 우리 살아 있는 자가 항상 예수를 위하여 죽음에 넘겨짐은
예수의 생명이 또한 우리 죽을 육체에 나타나게 하려 함이라

12 그런즉 사망은 우리 안에서 역사하고

생명은 너희 안에서 역사하느니라

¹³기록된 바 내가 믿었으므로 말하였다 한 것 같이
우리가 같은 믿음의 마음을 가졌으니
우리도 믿었으므로 또한 말하노라

¹⁴주 예수를 다시 살리신 이가
예수와 함께 우리도 다시 살리사
너희와 함께 그 앞에 서게 하실 줄을 아노라

¹⁵이는 모든 것이 너희를 위함이니
많은 사람의 감사로 말미암아 은혜가 더하여 넘쳐서
하나님께 영광을 돌리게 하려 함이라

겉사람과 속사람
¹⁶그러므로 우리가 낙심하지 아니하노니

우리의 겉사람은 낡아지나
우리의 속사람은 날로 새로워지도다

¹⁷우리가 잠시 받는 환난의 경한 것이 지극히 크고
영원한 영광의 중한 것을 우리에게 이루게 함이니

¹⁸우리가 주목하는 것은
보이는 것이 아니요 보이지 않는 것이니
보이는 것은 잠깐이요 보이지 않는 것은 영원함이라

5

¹만일 땅에 있는 우리의 장막 집이 무너지면
하나님께서 지으신 집 곧 손으로 지은 것이 아니요
하늘에 있는 영원한 집이 우리에게 있는 줄 아느니라

²참으로 우리가 여기 있어 탄식(歎息)하며
하늘로부터 오는 우리 처소로 덧입기를 간절히 사모하노라

3 이렇게 입음은 우리가 벗은 자들로 발견되지 않으려 함이라

4 참으로 이 장막에 있는 우리가 짐진 것 같이
탄식하는 것은 벗고자 함이 아니요 오히려 덧입고자 함이니
죽을 것이 생명에 삼킨 바 되게 하려 함이라

5 곧 이것을 우리에게 이루게 하시고 보증(保證)으로
성령을 우리에게 주신 이는 하나님이시니라

6 그러므로 우리가 항상 담대하여
몸으로 있을 때에는 주와 따로 있는 줄을 아노니

7 이는 우리가 믿음으로 행하고
보는 것으로 행하지 아니함이로라

8 우리가 담대하여 원하는 바는
차라리 몸을 떠나 주와 함께 있는 그것이라

⁹그런즉 우리는 몸으로 있든지 떠나든지
주를 기쁘시게 하는 자가 되기를 힘쓰노라

¹⁰이는 우리가 다 반드시
그리스도의 심판대 앞에 나타나게 되어
각각 선악간에 그 몸으로 행한 것을 따라 받으려 함이라

화목하게 하는 직분

¹¹우리는 주의 두려우심을 알므로 사람들을 권면하거니와
우리가 하나님 앞에 알리어졌으니
또 너희의 양심에도 알리어지기를 바라노라

¹²우리가 다시 너희에게 자천하는 것이 아니요
오직 우리로 말미암아 자랑할 기회를 너희에게 주어
마음으로 하지 않고 외모로 자랑하는 자들에게

대담하게 하려 하는 것이라

13 우리가 만일 미쳤어도 하나님을 위한 것이요
정신이 온전하여도 너희를 위한 것이니

14 그리스도의 사랑이 우리를 강권하시는도다
우리가 생각하건대 한 사람이 모든 사람을 대신하여
죽었은즉 모든 사람이 죽은 것이라

15 그가 모든 사람을 대신하여 죽으심은
살아 있는 자들로 하여금
다시는 그들 자신을 위하여 살지 않고

오직 그들을 대신하여 죽었다가
다시 살아나신 이를 위하여 살게 하려 함이라

16 그러므로 우리가 이제부터는

어떤 사람도 육신을 따라 알지 아니하노라
비록 우리가 그리스도도 육신을 따라 알았으나
이제부터는 그같이 알지 아니하노라

17 그런즉 누구든지 그리스도 안에 있으면 새로운 피조물이라
이전 것은 지나갔으니 보라 새 것이 되었도다

18 모든 것이 하나님께로서 났으며
그가 그리스도로 말미암아 우리를 자기와 화목하게 하시고
또 우리에게 화목하게 하는 직분을 주셨으니

19 곧 하나님께서 그리스도 안에 계시사
세상을 자기와 화목하게 하시며

그들의 죄를 그들에게 돌리지 아니하시고
화목하게 하는 말씀을 우리에게 부탁하셨느니라

²⁰그러므로 우리가 그리스도를 대신하여 사신이 되어
하나님이 우리를 통하여 너희를 권면(勸勉)하시는 것 같이
그리스도를 대신하여 간청하노니 너희는 하나님과 화목하라

²¹하나님이 죄를 알지도 못하신 이를
우리를 대신하여 죄로 삼으신 것은 우리로 하여금
그 안에서 하나님의 의가 되게 하려 하심이라

6 ¹우리가 하나님과 함께 일하는 자로서
너희를 권하노니 하나님의 은혜를 헛되이 받지 말라

²이르시되 내가 은혜 배풀 때에 너에게 듣고
구원의 날에 너를 도왔다 하셨으니

보라 지금은 은혜 받을 만한 때요
보라 지금은 구원의 날이로다

3 우리가 이 직분이 비방을 받지 않게 하려고
무엇에든지 아무에게도 거리끼지 않게 하고

4 오직 모든 일에 하나님의 일꾼으로 자천하여
많이 견디는 것과 환난과 궁핍과 고난(困難)과

5 매 맞음과 갇힘과 난동과 수고로움과
자지 못함과 먹지 못함 가운데서도

6 깨끗함과 지식과 오래 참음과 자비함과
성령의 감화(感化)와 거짓이 없는 사랑과

7 진리의 말씀과 하나님의 능력으로
의의 무기를 좌우에 가지고

8 영광과 욕됨으로 그러했으며
악한 이름과 아름다운 이름으로 그러했느니라

우리는 속이는 자 같으나 참되고

9 무명한 자 같으나 유명한 자요
죽은 자 같으나 보라 우리가 살아 있고
징계를 받는 자 같으나 죽임을 당하지 아니하고

10 근심하는 자 같으나 항상 기뻐하고
가난한 자 같으나 많은 사람을 부요하게 하고
아무 것도 없는 자 같으나 모든 것을 가진 자로다

11 고린도인들이여 너희를 향하여
우리의 입이 열리고 우리의 마음이 넓어졌으니

12 너희가 우리 안에서 좁아진 것이 아니라
오직 너희 심정에서 좁아진 것이니라

13 내가 자녀에게 말하듯 하노니

보답하는 것으로 너희도 마음을 넓히라

우리는 살아 계신 하나님의 성전

14 너희는 믿지 않는 자와 멍에를 함께 메지 말라
의와 불법이 어찌 함께 하며 빛과 어둠이 어찌 사귀며

15 그리스도와 벨리알이 어찌 조화되며
믿는 자와 믿지 않는 자가 어찌 상관하며

16 하나님의 성전과 우상이 어찌 일치가 되리요
우리는 살아 계신 하나님의 성전이라

이와 같이 하나님께서 이르시되
내가 그들 가운데 거하며 두루 행하여
나는 그들의 하나님이 되고 그들은 나의 백성이 되리라

17 그러므로 너희는 그들 중에서 나와서 따로 있고

부정한 것을 만지지 말라 내가 너희를 영접하여

¹⁸너희에게 아버지가 되고 너희는 내게 자녀가 되리라
전능하신 주의 말씀이니라 하셨느니라

7 ¹ 그런즉 사랑하는 자들아 이 약속을 가진 우리는
하나님을 두려워하는 가운데서

거룩함을 온전히 이루어 육과 영의 온갖 더러운 것에서
자신을 깨끗하게 하자

고린도 교회의 회개를 기뻐하다

² 마음으로 우리를 영접하라
우리는 아무에게도 불의를 행하지 않고

아무에게도 해롭게 하지 않고
아무에게서도 속여 빼앗은 일이 없노라

3 내가 이 말을 하는 것은
너희를 정죄하려고 하는 것이 아니라

내가 이전에 말하였거니와 너희가 우리 마음에 있어
함께 죽고 함께 살게 하고자 함이라

4 나는 너희를 향하여 담대한 것도 많고
너희를 위하여 자랑하는 것도 많으니

내가 우리의 모든 환난 가운데서도
위로가 가득하고 기쁨이 넘치는도다

5 우리가 마게도냐에 이르렀을 때에도
우리 육체가 편하지 못하였고

사방으로 환난을 당하여
밖으로는 다툼이요 안으로는 두려움이었노라

6 그러나 낙심한 자들을 위로하시는 하나님이
디도가 옴으로 우리를 위로하셨으니

7 그가 온 것뿐 아니요 오직 그가 너희에게서 받은
그 위로로 위로하고 너희의 사모함과 애통함과

나를 위하여 열심 있는 것을 우리에게 보고함으로
나를 더욱 기쁘게 하였느니라

8 그러므로 내가 편지로 너희를 근심하게 한 것을
후회하였으나 지금은 후회하지 아니함은
그 편지가 너희로 잠시만 근심하게 한 줄을 앎이라

9 내가 지금 기뻐함은 너희로 근심하게 한 까닭이 아니요
도리어 너희가 근심함으로 회개(悔改)함에 이른 까닭이라
너희가 하나님의 뜻대로 근심하게 된 것은

우리에게서 아무 해도 받지 않게 하려 함이라

10 하나님의 뜻대로 하는 근심은 후회할 것이 없는
구원에 이르게 하는 회개를 이루는 것이요
세상 근심은 사망을 이루는 것이니라

11 보라 하나님의 뜻대로 하게 된 이 근심이
너희로 얼마나 간절(懇切)하게 하며 얼마나 변증하게 하며
얼마나 분하게 하며 얼마나 두렵게 하며

얼마나 사모하게 하며 얼마나 열심 있게 하며
얼마나 벌하게 하였는가

너희가 그 일에 대하여 일체
너희 자신의 깨끗함을 나타내었느니라

12 그런즉 내가 너희에게 쓴 것은

그 불의를 행한 자를 위한 것도 아니요
그 불의를 당한 자를 위한 것도 아니요

오직 우리를 위한 너희의 간절함이
하나님 앞에서 너희에게 나타나게 하려 함이로라

[13]이로 말미암아 우리가 위로를 받았고
우리가 받은 위로 위에 디도의 기쁨으로

우리가 더욱 많이 기뻐함은 그의 마음이
너희 무리로 말미암아 안심(安心)함을 얻었음이라

[14]내가 그에게 너희를 위하여
자랑한 것이 있더라도 부끄럽지 아니하니

우리가 너희에게 이른 말이 다 참된 것 같이
디도 앞에서 우리가 자랑한 것도 참되게 되었도다

15 그가 너희 모든 사람들이 두려움과 떪으로
자기를 영접하여 순종한 것을 생각하고
너희를 향하여 그의 심정이 더욱 깊었으니

16 내가 범사에 너희를 신뢰하게 된 것을 기뻐하노라

풍성한 연보

8 1 형제들아 하나님께서 마게도냐 교회들에게 주신
은혜를 우리가 너희에게 알리노니

2 환난의 많은 시련 가운데서
그들의 넘치는 기쁨과 극심한 가난이
그들의 풍성한 연보를 넘치도록 하게 하였느니라

3 내가 증언하노니 그들이 힘대로 할 뿐 아니라
힘에 지나도록 자원하여

4 이 은혜와 성도 섬기는 일에 참여함에 대하여
우리에게 간절히 구하니

5 우리가 바라던 것뿐 아니라 그들이 먼저 자신을 주께 드리고
또 하나님의 뜻을 따라 우리에게 주었도다

6 그러므로 우리가 디도를 권하여
그가 이미 너희 가운데서 시작하였은즉
이 은혜를 그대로 성취하게 하라 하였노라

7 오직 너희는 믿음과 말과 지식과 모든 간절함과
우리를 사랑하는 이 모든 일에 풍성한 것 같이
이 은혜에도 풍성하게 할지니라

8 내가 명령으로 하는 말이 아니요
오직 다른 이들의 간절함을 가지고

너희의 사랑의 진실함을 증명하고자 함이로라

9 우리 주 예수 그리스도의 은혜를 너희가 알거니와
부요하신 이로서 너희를 위하여 가난하게 되심은
그의 가난함으로 말미암아 너희를 부요하게 하려 하심이라

10 이 일에 관하여 나의 뜻을 알리노니
이 일은 너희에게 유익함이라 너희가 일 년 전에 행하기를
먼저 시작할 뿐 아니라 원하기도 하였은즉

11 이제는 하던 일을 성취할지니
마음에 원하던 것과 같이 완성하되 있는 대로 하라

12 할 마음만 있으면 있는 대로 받으실 터이요
없는 것은 받지 아니하시리라

13 이는 다른 사람들은 평안하게 하고

너희는 곤고하게 하려는 것이 아니요
균등(均等)하게 하려 함이니

¹⁴이제 너희의 넉넉한 것으로
그들의 부족한 것을 보충(補充)함은

후에 그들의 넉넉한 것으로 너희의 부족한 것을
보충하여 균등하게 하려 함이라

¹⁵기록된 것 같이 많이 거둔 자도 남지 아니하였고
적게 거둔 자도 모자라지 아니하였느니라

디도와 그의 동역자

¹⁶너희를 위하여 같은 간절함을
디도의 마음에도 주시는 하나님께 감사하노니

¹⁷그가 권함을 받고 더욱 간절함으로 자원하여

너희에게 나아갔고

18또 그와 함께 그 형제를 보내었으니
이 사람은 복음으로써 모든 교회에서 칭찬을 받는 자요

19이뿐 아니라 그는 동일한 주의 영광과
우리의 원을 나타내기 위하여 여러 교회의 택함을 받아
우리가 맡은 은혜의 일로 우리와 동행하는 자라

20이것을 조심함은 우리가 맡은
이 거액의 연보(捐補)에 대하여
아무도 우리를 비방하지 못하게 하려 함이니

21이는 우리가 주 앞에서뿐 아니라
사람 앞에서도 선한 일에 조심하려 함이라

22또 그들과 함께 우리의 한 형제를 보내었노니

우리는 그가 여러 가지 일에 간절한 것을
여러 번 확인하였거니와 이제 그가
너희를 크게 믿으므로 더욱 간절하니라

²³디도로 말하면 나의 동료요 너희를 위한 나의 동역자요
우리 형제들로 말하면 여러 교회의 사자들이요
그리스도의 영광이니라

²⁴그러므로 너희는 여러 교회 앞에서 너희의 사랑과
너희에 대한 우리 자랑의 증거를 그들에게 보이라

가난한 성도를 섬기는 연보

9 ¹성도를 섬기는 일에 대하여는
내가 너희에게 쓸 필요가 없나니

²이는 내가 너희의 원함을 앎이라

내가 너희를 위하여 마게도냐인들에게
아가야에서는 일 년 전부터 준비하였다는 것을

자랑하였는데 과연 너희의 열심이 퍽 많은 사람들을
분발하게 하였느니라

3 그런데 이 형제들을 보낸 것은
이 일에 너희를 위한 우리의 자랑이 헛되지 않고
내가 말한 것 같이 준비하게 하려 함이라

4 혹 마게도냐인들이 나와 함께 가서
너희가 준비하지 아니한 것을 보면 너희는 고사하고
우리가 이 믿던 것에 부끄러움을 당할까 두려워하노라

5 그러므로 내가 이 형제들로 먼저 너희에게 가서
너희가 전에 약속한 연보를 미리 준비하게 하도록

권면하는 것이 필요한 줄 생각하였노니
이렇게 준비하여야 참 연보답고 억지가 아니니라

6 이것이 곧 적게 심는 자는 적게 거두고
많이 심는 자는 많이 거둔다 하는 말이로다

7 각각 그 마음에 정한 대로 할 것이요
인색함으로나 억지로 하지 말지니
하나님은 즐겨 내는 자를 사랑하시느니라

8 하나님이 능히 모든 은혜를 너희에게 넘치게 하시나니
이는 너희로 모든 일에 항상 모든 것이 넉넉하여
모든 착한 일을 넘치게 하게 하려 하심이라

9 기록된 바 그가 흩어 가난한 자들에게 주었으니
그의 의가 영원토록 있느니라 함과 같으니라

¹⁰심는 자에게 씨와 먹을 양식을 주시는 이가
너희 심을 것을 주사 풍성하게 하시고
너희 의의 열매를 더하게 하시리니

¹¹너희가 모든 일에 넉넉하여 너그럽게 연보를 함은
그들이 우리로 말미암아 하나님께 감사하게 하는 것이라

¹²이 봉사의 직무가 성도들의 부족한 것을 보충할 뿐 아니라
사람들이 하나님께 드리는 많은 감사로 말미암아 넘쳤느니라

¹³이 직무로 증거를 삼아 너희가 그리스도의 복음을
진실히 믿고 복종하는 것과

그들과 모든 사람을 섬기는 너희의 후한 연보로 말미암아
하나님께 영광을 돌리고

¹⁴또 그들이 너희를 위하여 간구하며 하나님이 너희에게 주신

지극한 은혜로 말미암아 너희를 사모하느니라

¹⁵말할 수 없는 그의 은사로 말미암아 하나님께 감사하노라

바울이 자기의 사도직을 변호하다

10 ¹ 너희를 대면하면 유순하고 떠나 있으면
너희에 대하여 담대한 나 바울은 이제
그리스도의 온유와 관용으로 친히 너희를 권하고

² 또한 우리를 육신에 따라 행하는 자로 여기는 자들에 대하여
내가 담대(膽大)히 대하는 것 같이 너희와 함께 있을 때에
나로 하여금 이 담대한 태도로 대하지 않게 하기를 구하노라

³ 우리가 육신으로 행하나 육신에 따라 싸우지 아니하노니

⁴ 우리의 싸우는 무기는 육신에 속한 것이 아니요
오직 어떤 견고한 진도 무너뜨리는 하나님의 능력이라

모든 이론을 무너뜨리며

5 하나님 아는 것을 대적하여 높아진 것을 다 무너뜨리고
모든 생각을 사로잡아 그리스도에게 복종하게 하니

6 너희의 복종이 온전하게 될 때에
모든 복종하지 않는 것을 벌하려고
준비(準備)하는 중에 있노라

7 너희는 외모만 보는도다
만일 사람이 자기가 그리스도에게 속한 줄을 믿을진대

자기가 그리스도에게 속한 것 같이
우리도 그러한 줄을 자기 속으로 다시 생각할 것이라

8 주께서 주신 권세는 너희를 무너뜨리려고 하신 것이 아니요
세우려고 하신 것이니 내가 이에 대하여

지나치게 자랑하여도 부끄럽지 아니하리라

⁹이는 내가 편지들로 너희를 놀라게 하려는 것 같이
생각하지 않게 함이라

¹⁰그들의 말이 그의 편지들은 무게가 있고 힘이 있으나
그가 몸으로 대할 때는 약하고 그 말도 시원하지 않다 하니

¹¹이런 사람은 우리가 떠나 있을 때에 편지들로 말하는 것과
함께 있을 때에 행하는 일이 같은 것임을 알지라

¹²우리는 자기를 칭찬하는 어떤 자와 더불어
감히 짝하며 비교할 수 없노라

그러나 그들이 자기로써 자기를 헤아리고
자기로써 자기를 비교하니 지혜가 없도다

¹³그러나 우리는 분수 이상의 자랑을 하지 않고

오직 하나님이 우리에게 나누어 주신 그 범위의
한계를 따라 하노니 곧 너희에게까지 이른 것이라

¹⁴우리가 너희에게 미치지 못할 자로서
스스로 지나쳐 나아간 것이 아니요
그리스도의 복음으로 너희에게까지 이른 것이라

¹⁵우리는 남의 수고를 가지고
분수 이상의 자랑을 하는 것이 아니라

오직 너희 믿음이 자랄수록 우리의 규범을 따라
너희 가운데서 더욱 풍성하여지기를 바라노라

¹⁶이는 남의 규범으로 이루어 놓은 것으로 자랑하지 아니하고
너희 지역(地域)을 넘어 복음을 전하려 함이라

¹⁷자랑하는 자는 주 안에서 자랑할지니라

18 옳다 인정(認定)함을 받는 자는 자기를 칭찬하는 자가 아니요
오직 주께서 칭찬하시는 자니라

바울과 거짓 사도들

11 1 원하건대 너희는 나의 좀 어리석은 것을 용납하라
청하건대 나를 용납하라

2 내가 하나님의 열심으로 너희를 위하여 열심을 내노니
내가 너희를 정결한 처녀로 한 남편인
그리스도께 드리려고 중매함이로다 그러나 나는

3 뱀이 그 간계(奸計)로 하와를 미혹한 것 같이
너희 마음이 그리스도를 향하는 진실함과 깨끗함에서 떠나
부패할까 두려워하노라

4 만일 누가 가서 우리가 전파하지 아니한

다른 예수를 전파하거나 혹은 너희가 받지 아니한
다른 영을 받게 하거나

혹은 너희가 받지 아니한 다른 복음을 받게 할 때에는
너희가 잘 용납하는구나

5 나는 지극히 크다는 사도들보다 부족한 것이
조금도 없는 줄로 생각하노라

6 내가 비록 말에는 부족하나 지식에는 그렇지 아니하니
이것을 우리가 모든 사람 가운데서 모든 일로 너희에게
나타내었노라

7 내가 너희를 높이려고 나를 낮추어 하나님의 복음을 값없이
너희에게 전함으로 죄를 지었느냐

8 내가 너희를 섬기기 위하여 다른 여러 교회에서

비용(費用)을 받은 것은 탈취한 것이라

9 또 내가 너희와 함께 있을 때 비용이 부족하였으되
아무에게도 누를 끼치지 아니하였음은

마게도냐에서 온 형제들이 나의 부족한 것을 보충하였음이라
내가 모든 일에 너희에게 폐를 끼치지 않기 위하여
스스로 조심하였고 또 조심하리라

10 그리스도의 진리가 내 속에 있으니
아가야 지방에서 나의 이 자랑이 막히지 아니하리라

11 어떠한 까닭이냐 내가 너희를 사랑하지 아니함이냐
하나님이 아시느니라

12 나는 내가 해 온 그대로 앞으로도 하리니
기회를 찾는 자들이 그 자랑하는 일로

우리와 같이 인정 받으려는 그 기회를 끊으려 함이라

13 그런 사람들은 거짓 사도요 속이는 일꾼이니
자기를 그리스도의 사도로 가장(假裝)하는 자들이니라

14 이것은 이상한 일이 아니니라
사탄도 자기를 광명의 천사로 가장하나니

15 그러므로 사탄의 일꾼들도 자기를 의의 일꾼으로
가장하는 것이 또한 대단한 일이 아니니라
그들의 마지막은 그 행위대로 되리라

바울의 참된 자랑

16 내가 다시 말하노니
누구든지 나를 어리석은 자로 여기지 말라
만일 그러하더라도 내가 조금 자랑할 수 있도록

어리석은 자로 받으라

¹⁷내가 말하는 것은 주를 따라 하는 말이 아니요
오직 어리석은 자와 같이 기탄 없이 자랑하노라

¹⁸여러 사람이 육신을 따라 자랑하니 나도 자랑하겠노라

¹⁹너희는 지혜로운 자로서
어리석은 자들을 기쁘게 용납하는구나

²⁰누가 너희를 종으로 삼거나 잡아먹거나 빼앗거나
스스로 높이거나 뺨을 칠지라도 너희가 용납(容納)하는도다

²¹나는 우리가 약한 것 같이 욕되게 말하노라
그러나 누가 무슨 일에 담대하면
어리석은 말이나마 나도 담대하리라

²²그들이 히브리인이냐 나도 그러하며

그들이 이스라엘인이냐 나도 그러하며
그들이 아브라함의 후손이냐 나도 그러하며

23 그들이 그리스도의 일꾼이냐
정신 없는 말을 하거니와 나는 더욱 그러하도다

내가 수고를 넘치도록 하고 옥에 갇히기도 더 많이 하고
매도 수없이 맞고 여러 번 죽을 뻔하였으니

24 유대인들에게 사십에서 하나 감한 매를 다섯 번 맞았으며

25 세 번 태장으로 맞고 한 번 돌로 맞고
세 번 파선하고 일 주야를 깊은 바다에서 지냈으며

26 여러 번 여행하면서 강의 위험과 강도의 위험과
동족의 위험과 이방인의 위험과 시내의 위험과 광야의 위험과
바다의 위험과 거짓 형제 중의 위험을 당하고

²⁷또 수고하며 애쓰고 여러 번 자지 못하고 주리며
목마르고 여러 번 굶고 춥고 헐벗었노라

²⁸이 외의 일은 고사하고
아직도 날마다 내 속에 눌리는 일이 있으니
곧 모든 교회를 위하여 염려하는 것이라

²⁹누가 약하면 내가 약하지 아니하며
누가 실족하게 되면 내가 애타지 아니하더냐

³⁰내가 부득불 자랑할진대 내가 약한 것을 자랑하리라

³¹주 예수의 아버지 영원히 찬송할 하나님이
내가 거짓말 아니하는 것을 아시느니라

³²다메섹에서 아레다 왕의 고관이 나를 잡으려고
다메섹 성을 지켰으나

³³나는 광주리를 타고 들창문으로 성벽을 내려가
그 손에서 벗어났노라

주께서 보여 주신 환상과 계시

12 ¹ 무익하나마 내가 부득불 자랑하노니
주의 환상과 계시(啓示)를 말하리라

² 내가 그리스도 안에 있는 한 사람을 아노니
그는 십사 년 전에 셋째 하늘에 이끌려 간 자라

(그가 몸 안에 있었는지 몸 밖에 있었는지
나는 모르거니와 하나님은 아시느니라)

³ 내가 이런 사람을 아노니 (그가 몸 안에 있었는지
몸 밖에 있었는지 나는 모르거니와 하나님은 아시느니라)

⁴ 그가 낙원으로 이끌려 가서

말로 표현할 수 없는 말을 들었으니
사람이 가히 이르지 못할 말이로다

5 내가 이런 사람을 위하여 자랑하겠으나
나를 위하여는 약한 것들 외에 자랑하지 아니하리라

6 내가 만일 자랑하고자 하여도
어리석은 자가 되지 아니할 것은 내가 참말을 함이라

그러나 누가 나를 보는 바와 내게 듣는 바에
지나치게 생각할까 두려워하여 그만두노라

7 여러 계시를 받은 것이 지극히 크므로
너무 자만하지 않게 하시려고

내 육체에 가시 곧 사탄의 사자를 주셨으니
이는 나를 쳐서 너무 자만하지 않게 하려 하심이라

⁸ 이것이 내게서 떠나가게 하기 위하여
내가 세 번 주께 간구하였더니

⁹ 나에게 이르시기를 내 은혜가 네게 족하도다
이는 내 능력이 약한 데서 온전하여짐이라 하신지라
그러므로 도리어 크게 기뻐함으로

나의 여러 약한 것들에 대하여 자랑하리니
이는 그리스도의 능력이 내게 머물게 하려 함이라

¹⁰ 그러므로 내가 그리스도를 위하여
약한 것들과 능욕과 궁핍과 박해와 곤고를 기뻐하노니
이는 내가 약한 그 때에 강함이라

고린도 교회의 일을 염려하다
¹¹ 내가 어리석은 자가 되었으나 너희가 억지로 시킨 것이니

나는 너희에게 칭찬을 받아야 마땅하도다
내가 아무 것도 아니나 지극히 크다는 사도들보다
조금도 부족하지 아니하니라

¹²사도의 표가 된 것은 내가 너희 가운데서
모든 참음과 표적과 기사와 능력을 행한 것이라

¹³내 자신이 너희에게 폐를 끼치지 아니한 일밖에
다른 교회보다 부족하게 한 것이 무엇이 있느냐
너희는 나의 이 공평하지 못한 것을 용서하라

¹⁴보라 내가 이제 세 번째 너희에게 가기를 준비하였으나
너희에게 폐를 끼치지 아니하리라

내가 구하는 것은 너희의 재물이 아니요 오직 너희니라
어린 아이가 부모를 위하여 재물을 저축하는 것이 아니요

부모가 어린 아이를 위하여 하느니라

15 내가 너희 영혼을 위하여 크게 기뻐하므로
재물을 사용하고 또 내 자신까지도 내어 주리니
너희를 더욱 사랑할수록 나는 사랑을 덜 받겠느냐

16 하여간 어떤 이의 말이
내가 너희에게 짐을 지우지는 아니하였을지라도
교활(狡猾)한 자가 되어 너희를 속임수로 취하였다 하니

17 내가 너희에게 보낸 자 중에 누구로 너희의 이득을 취하더냐

18 내가 디도를 권하고 함께 한 형제를 보내었으니
디도가 너희의 이득을 취하더냐

우리가 동일한 성령으로 행하지 아니하더냐
동일한 보조로 하지 아니하더냐

¹⁹너희는 이 때까지
우리가 자기 변명을 하는 줄로 생각하는구나
우리는 그리스도 안에서 하나님 앞에 말하노라

사랑하는 자들아
이 모든 것은 너희의 덕을 세우기 위함이니라

²⁰내가 갈 때에 너희를 내가 원하는 것과 같이
보지 못하고 또 내가 너희에게
너희가 원하지 않는 것과 같이 보일까 두려워하며

또 다툼과 시기와 분냄과 당 짓는 것과 비방과
수군거림과 거만함과 혼란이 있을까 두려워하고

²¹또 내가 다시 갈 때에
내 하나님이 나를 너희 앞에서 낮추실까 두려워하고

또 내가 전에 죄를 지은 여러 사람의 그 행한 바
더러움과 음란함과 호색함을 회개하지 아니함 때문에
슬퍼할까 두려워하노라

권면과 끝 인사

13 ¹ 내가 이제 세 번째 너희에게 가리니
두세 증인의 입으로 말마다 확정하리라

² 내가 이미 말하였거니와 지금 떠나 있으나
두 번째 대면하였을 때와 같이 전에 죄 지은 자들과

그 남은 모든 사람에게 미리 말하노니
내가 다시 가면 용서하지 아니하리라

³ 이는 그리스도께서 내 안에서 말씀하시는 증거를
너희가 구함이니 그는 너희에게 대하여 약하지 않고

도리어 너희 안에서 강하시니라

4 그리스도께서 약하심으로 십자가에 못 박히셨으나
하나님의 능력으로 살아 계시니

우리도 그 안에서 약하나 너희에게 대하여
하나님의 능력으로 그와 함께 살리라

5 너희는 믿음 안에 있는가
너희 자신을 시험하고 너희 자신을 확증하라

예수 그리스도께서 너희 안에 계신 줄을
너희가 스스로 알지 못하느냐
그렇지 않으면 너희는 버림 받은 자니라

6 우리가 버림 받은 자 되지 아니한 것을
너희가 알기를 내가 바라고

7 우리가 하나님께서 너희로 악을
조금도 행하지 않게 하시기를 구하노니

이는 우리가 옳은 자임을 나타내고자 함이 아니라
오직 우리는 버림 받은 자 같을지라도
너희는 선을 행하게 하고자 함이라

8 우리는 진리를 거슬러 아무 것도 할 수 없고
오직 진리를 위할 뿐이니

9 우리가 약할 때에 너희가 강한 것을 기뻐하고
또 이것을 위하여 구하니 곧 너희가 온전하게 되는 것이라

10 그러므로 내가 떠나 있을 때에 이렇게 쓰는 것은
대면할 때에 주께서 너희를 넘어뜨리려 하지 않고
세우려 하여 내게 주신 그 권한을 따라

엄하지 않게 하려 함이라

¹¹마지막으로 말하노니 형제들아 기뻐하라
온전하게 되며 위로를 받으며 마음을 같이하며 평안할지어다

또 사랑과 평강의 하나님이 너희와 함께 계시리라
거룩하게 입맞춤으로 서로 문안하라

¹²모든 성도가 너희에게 문안하느니라

¹³주 예수 그리스도의 은혜와 하나님의 사랑과
성령의 교통(交通)하심이 너희 무리와 함께 있을지어다

God bless you~

» Thinking space ...

개역개정·신약성경 쓰기

7 # 고린도전후서

1판 1쇄 발행 2022년 2월 24일

펴낸곳 우슬북
엮은이 김영기, 김우림

출판등록 2019년 4월 1일(제568-2019-000006호)
주소 충남 당진시 송산면 유곡로 20
출판사 전화 010.5424.7706
이메일 hyssop2000@daum.net
총판 하늘유통(031.947.7777)

값 10,000원
ISBN 979-11-973755-4-5